シリーズ◇日本の地域誌

房総で講はいかに継承されてきたか

―信仰の地域誌―

三木一彦 著

古今書院

シリーズ「日本の地域誌」に寄せて

この「日本の地域誌」シリーズは、地理学のなかでも、主に歴史地理学と呼ばれる分野の研究者が、これまでの自身の研究を通じてよく知っている地域を選び、その姿を描いたものです。シリーズ名は「日本の」地域誌となっていますが、日本の国土を漏れなくカバーしているわけではありません。本シリーズの意図は、日本を構成しているさまざまな地域のなかから、いくつか典型的な地域のあり方を選んで、その地域ならではの特徴がいかに形づくられたかを歴史地理学的に示すことにあります。そうすることによって、地域というものの「成り立ち」を捉えるための視点や手段を、読者の皆様と共有できればと願っています。

各巻の書名には、「なぜ○○地域は○○となったのか」のような問いが示されています。読者諸賢には、ぜひその問いへの答えを想像しながら読み進めていただければと思いますが、いずれの巻においても、その答えが一筋縄ではいかない、奥深いものであることに気づかれるでしょう。というのも、地域の特徴は少数の人々だけが生みだしたものではなく、短期間で形づくられたものでもなく、またその地域の内部だけで決まるものでもないからです。

たとえ、ある影響力ある人物が地域の特徴を方向づけることがあったとしても、それが具体化するまでには、実際の景観や土地利用といった現実の地理が少しずつ変容し、それに対応するようにして社会のあり方も変化し、そして次世代に継承されるというプロセスが必要です。また、例えばある町や都市が成立するにあたっては、その周辺領域における中心地として機能することが必要であり、隣接する地域こそがその町や都市の存続を支えたことでしょう。

こうした観点から地域の姿を描く本シリーズは、地域誌とはいいながらも、地域の「成り立ち」を掘り下げるために、かなりの程度、歴史的な事柄に触れることになります。であればそれは「地域誌」ではなく、「地方史」または「地域史」ではないか、と思われる読者もおられることでしょう。しかし、本シリーズが歴史家の手になる地方史や地域史の書籍と異なる点があるとすれば、それは地理というものを歴史の「舞台」としてではなく、むしろ主役として見ている所にあります。人と社会の営みが空間に作用して、何らかの形となって表れるのが地理―地の理《ことわり》―であるとすれば、ひとたび形づくられた地理は、次の世代の人と社会のあり方を否応なく規定していきます。地理とはいわば、人と社会のあり方が深く刻み込まれたものであり、かつ時代と時代をつなぐ媒体であり、その変化は社会の変化と複雑に絡まりあっている、と捉えることができます。

とはいえ、地理が社会の変化と絡まり合いながら、次の時代の地理を形成していく過程では、たまたまその時にその土地で生じた出来事や、影響力ある人物の存在が、次の時代への方向性を左右することもあるでしょう。そうして生まれた方向性は、次第に他の地域との違いを作りだし、地域に個性をもたらすことでしょう。それを「地域性」と呼び、各地域のユニークなあり方を描くことが、伝統的な地誌の任務だという考え方もあります。ただし、この「日本の地域誌」シリーズでは、「地域性」をただ記述することが目的なのではなく、地理と社会の歴史的な相関のなかでその姿を捉えることを目指しています。

本シリーズの執筆者たちがおそらく共通して感じていることですが、歴史地理学という歴史と地理にかかわる分野から、あるひとつの地域に深くかかわり続けると、その地域の「成り立ち」が次第に見通せてくるように思える瞬間があります。各巻の執筆者たちが掴みとったその瞬間が、歴史と地理の双方に関心ある読者にとって、地域というものを理解するヒントになれば幸いです。

（米家泰作・山村亜希）

目次

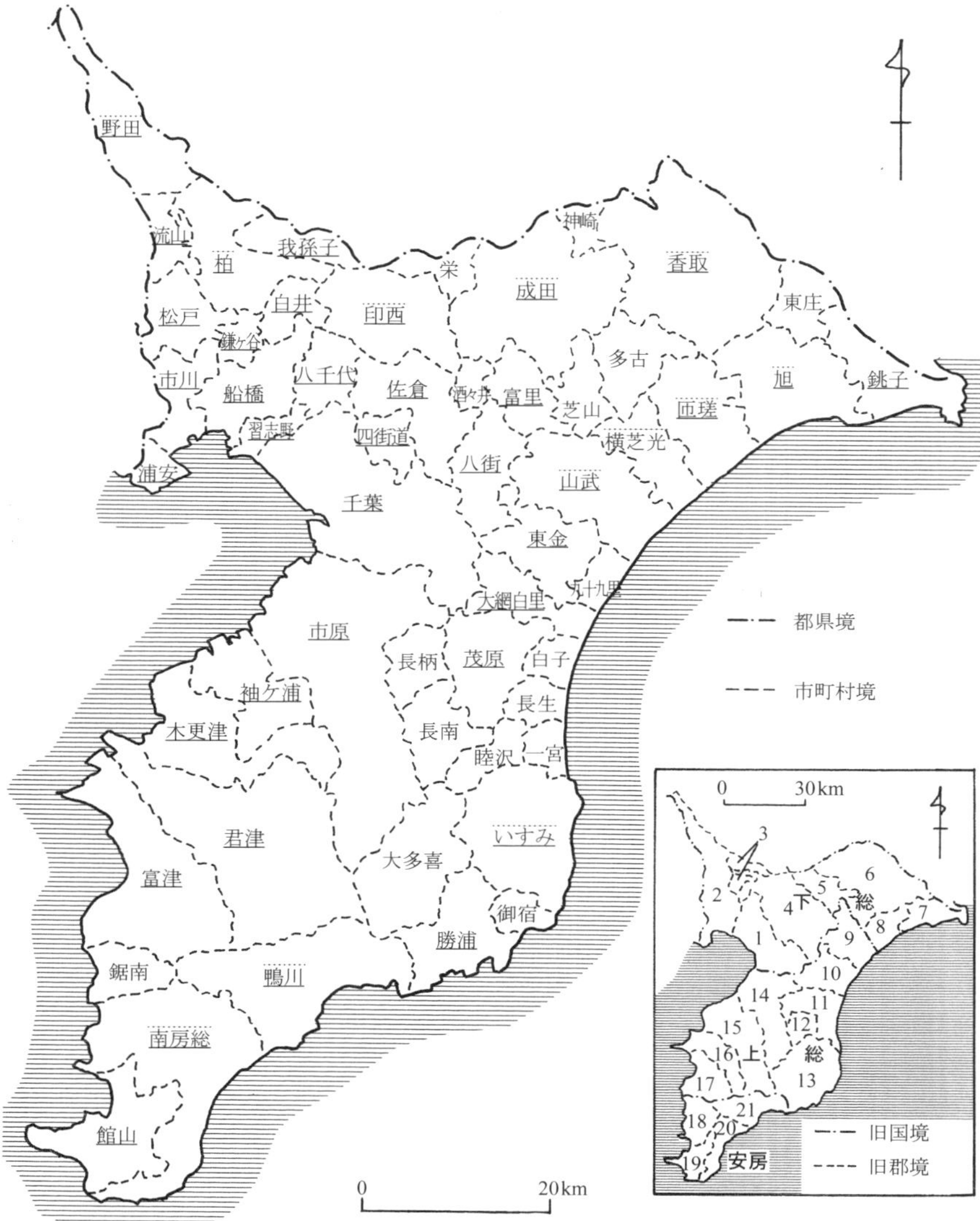

図 A-1　千葉県市町村図および旧国郡図

市町村名の下線は市，それ以外は町（長生のみ村）．上の点線は「平成の大合併」実施市町．

旧国郡図（右下）：

下総国　1 千葉郡　2 東葛飾郡　3 南相馬郡　4 印旛郡　5 下埴生郡　6 香取郡　7 海上郡　8 匝瑳郡

上総国　9 武射郡　10 山辺郡　11 長柄郡　12 上埴生郡　13 夷隅郡　14 市原郡　15 望陀郡　16 周淮郡　17 天羽郡

安房国　18 平郡　19 安房郡　20 朝夷郡　21 長狭郡

郡名は，平凡社地方資料センター編（1996）による．

はじめに

（1）地理と宗教と地誌

地理で文化を取り上げるということ

読者のみなさんは、「地理」という言葉を聞いて、どのようなことがらを連想するだろうか。おそらくは年齢層が高い方ほど、地形や気候、あるいは産業や集落といった地理学にとって伝統的な主題を脳裏に浮かべるのではないかと想像する。もちろん、こうした分野の事象が今の地理学にとっても重要であることに変わりはなく、現在の中学校や高校で使用されている地理の教科書でも相応のページが割かれている。

しかしながら、近年、そうしたテーマに加え、地理学やその教育において、衣食住や言語・宗教といった文化面に焦点があてられることが多くなっている。比較的記憶に新しいところでは、２０１８（平成三〇）年度の大学入試センター試験で、ムーミンなどを例に、北ヨーロッパの文化や言語について問う問題（図Ａ-２）が出されたことが話題をよんだ。

こうした近年の動きの要因として、いわゆる経済のグローバル化の進展によって人や物の移動が加速度的に増大する今日、それぞれの地域が有する文化的差異の認識の重要性が増していることがあげられる。その認識も、浅薄で表面的なものにとどまっていては、自国中心主義や排外主義につながり

2

地理B

問 4 ヨシエさんは，３か国の街を散策して，言語の違いに気づいた。そして，３か国の童話をモチーフにしたアニメーションが日本のテレビで放映されていたことを知り，３か国の文化の共通性と言語の違いを調べた。次の図５中の**タ**と**チ**はノルウェーとフィンランドを舞台にしたアニメーション，**A**と**B**はノルウェー語とフィンランド語のいずれかを示したものである。フィンランドに関するアニメーションと言語との正しい組合せを，下の①～④のうちから一つ選べ。 28

スウェーデンを舞台にしたアニメーション　　スウェーデン語

「ニルスのふしぎな旅」

アニメーション　　言語

タ

「ムーミン」

A

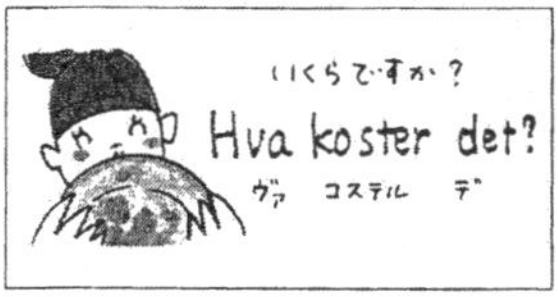

チ

「小さなバイキングビッケ」

B

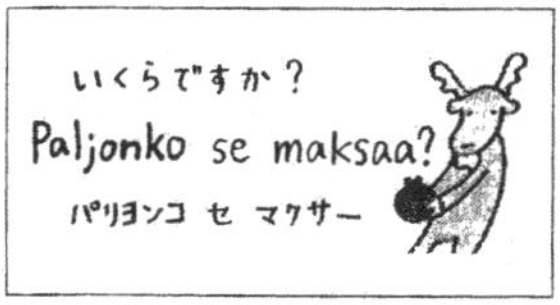

『旅の指さし会話帳㉚ スウェーデン』などにより作成。

図 5

	①	②	③	④
アニメーション	タ	タ	チ	チ
言　語	A	B	A	B

図 A-2　2018（平成 30）年度大学入試センター試験「地理 B」（一部）
同上問題より引用.

かねず、自分の属する文化的背景と対照させつつ、他地域の文化を謙虚に学んでいく姿勢が欠かせない。思うらくは、異文化を完全に理解することはなかなか容易ではなく、それだからこそ、それを少しずつ理解しようという態度が欠かせないといえる（「異文化理解」や「国際理解」は結果ではなく、その態度をさす言葉と考えたい）。

アメリカの哲学者・教育学者、ジョン＝デューイの『学校と社会』には、「すべての科学の統一は地理においてみいだされる」という印象的な一文がある。続けて、「地理の意義は、地球を人間の諸々の仕事の永続的な場として提示することにある。人間の活動と関係をもたない世界は、世界とよぶに足りないものである。人間の努力とその達成は、地球におろしたその根から切り離してみるならば、一片の感情にすら足りず、何の名にも値いしない」と述べ、地球上での「諸々の仕事をとおして、人類はその歴史的・政治的進歩をとげ」、「自然に対する知的ならびに情緒的解釈が発達せしめられてきた」と説いている。バーチャル化が急速に進展する昨今ではあるが、それだからこそ「地に足を着け」て思考することは、今を生きる子どもにとって、そしていうまでもなく大人にとっても大切である（「バーチャル」の辞書的な意味は「仮想的、虚像の」である）。

デューイは、その『民主主義と教育』においても、「地理と歴史は、本来狭小な個人的行動であったり、単なる専門的技能の諸様式にすぎなかったりするものに、背景と展望を与え、知的奥行を与える教材を提供する」として、「相補的性質」をもつ両学科を重視している。地理については、「人間の住家としての地球についての記述」と、「人間が居住し、仕事をし、成功し、失敗はするという事実」の「両者を結合するには、知識と教養を備えた想像力が必要」である。そうでないと、「地理は、非常にしばしば見られるように、ばらばらな断片のごたまぜ」、つまり「この山の高さとか、あの河の流れとか、この町で生産されるこけら板の量とか、その町の船舶のトン数とか、ある州の境界線とか、ある国の首都というような、半端な知識の入ったまったくのぼろ入れ袋」になり果てる。「もともと想像力に訴える科目」としての地理は、「冒険や旅行や探検に伴う驚異や壮観を共有」し、「民族や環境の多様さや、それらとわれわれが見慣れている光景との対比」を「無限の刺激」として「常習的なことの単調さから」精神を解き放つことを可能にすると主張する。デューイはやや皮肉を込めて描写しているが、地理を学ぶうえで前提条件となる知識の蓄積はやはり必要である。さりながら、そうした知識の羅列に終始するのではなく、自然と人間の相互関係の考察を目的とする本来の地理学、ことに人間の活動に主眼をあてる人文地理学は、この地球上で生活する人々に不可欠な基盤を提示する分野であるといえよう。

地理で宗教を取り上げるということ

人文地理学のうち、文化の地域的差異を研究する分野は文化地理学と総称される。そのなかで、言語とならぶ大きな研究対象が宗教であり、宗教地理学という用語も存在する。現代世界やその歴史を理解するうえで宗教が一つの鍵となることに異存はないだろう。

宗教自体を俎上にのせる「宗教学」をはじめとして、宗教はさまざまな学問で研究対象とされている。そのなかにあって、地理学の場合、地域における可視的な諸事象から宗教と地域のかかわりをさぐっていくことになる。宗教にとっては教義が本筋である、という向きもあるだろうが、信者のいない宗教というものが考えにくい以上、現実の社会のなかで宗教が果たす役割を考察することもそれに劣らず重要である。この点についてドイツの神学者シュライエルマッハーは、その著『宗教論』（１７９９年）において、「いやしくも宗教が存在するからには、それはまた、かならずや社会的でなければならない。これは人間の本性によるだけでなく、特に宗教の本性からそうなるのだ」と宗教の社会性を強調している。また、「宗教を正しく理解するためには、一つ一つの宗教について観察すべきである」としてキリスト教とユダヤ教を比較考察し、「いったいに人類に画一性を求めることくらい非宗教的なことはないが、同様に、宗教において画一性を求めることくらい、非キリスト教的なことはない」と、宗教の個別具体的な把握のうえで自文化中心主義に陥らないよう訴えかけている。

ご多分にもれず、地理学でも専門分化が進んだため、もっぱら子細に宗教面の事象に目を向ける宗教地理学分野の研究も少なくないし、それらを意味なしとするものではない。しかし、筆者の考えるところ、地域を総合的に考察するのが地理学本来の趣旨であり、「宗教地理学」を狭い枠におしこめるのではなく、地域の一事象として宗教をとらえる視点が不可欠である。こうした見方は、おのおのの生業によって日常の糧を得つつ、宗教的な行為や行事にもふれる人々の実感に沿うものでもあろう。

聖書の「人はパンのみにて生くるものにあらず」が是であるとすれば、「人はパンなくして生くるものにあらず」もまた真実である。おそらく大多数の人間は、そうした聖と俗の間を行き来しながら暮らしている。否、宗教者も、その配分の比率こそ違え、聖と俗のあわいにいることに変わりはない。東洋の仙人が食べて長生きをするという「霞」という言葉が、後述（第3章）のように修験者の勢力範囲（ありていにいえばそこから食い扶持を得る範囲）の意味に通じるのは、そうした聖俗の双生児的なあり方を示す一例といえる。

宗教学者のミルチャ＝エリアーデは、その著『聖と俗』を空間への考察から始めている。「何の目《め》標《じるし》もなく、見当のつけようもない無限に均質な空間のなかに、一つの絶対的な〈固定点〉、一つの〈中心〉が聖体示現によって露われてくる」という「宗教的人間にとって空間は均質ではない」。これに対比さするところの「俗なる人間にとって空間は均質であり、中性である」と述べ、「あるものはただ粉々になった宇宙の断片であり、人間が工業社会のなかに生活の義務に追われてあちこち動き回る、無限に多数の、多かれ少なかれ中性的な〈場所〉の集まりにすぎない」となる。ただし、「この俗なる空間経験のなか」にも、「故郷、初恋の景色、あるいは若いときに訪ずれた異郷の都市の特定の場所」など、「まったく非宗教的な人間にとってさえ或る特殊な、〈独自の〉意味をもっている」「その人の個人的宇宙の聖地」が存在するとも指摘している。伝統的な聖なる空間、つまり世界の中心を象徴する代表的な例が「宇宙的な山」であり、ユダヤ教のパレスチナ、キリスト教のゴルゴタ、イスラム教のカーバなどがそれに相当するという。本書で中心的に取り上げる日本の山岳信仰、あるいは日本の寺院が「山号」をもつということも、「寺院が宇宙の山と同一であり、地上と天を結ぶ〈絆〉を具現すると考えられていたこと」の一証左となろう。さらに同書は、国土や都市から村や家にいたるまで、宗教的人間が「彼の小さな宇宙を神々の世界に似せて作ることにより、それを聖化する」こと、そして「祭儀の助けをかりて通常の時間持続から聖なる時間へ〈移行〉すること」による「聖なる時間の体得」が、「太初神話的創造のなかにあったそのままの宇宙を、周期的回帰の中に再発見することを宗教的人間に許す」と説いている。聖と俗、空間と時間をめぐるエリアーデのこの考察は、文化地理学・歴史地理学の立場から宗教を検討する際にも、有効な視点を与えてくれている。

日本の宗教を取り上げるということ

『沈黙』・『侍』など、日本と西洋の宗教をめぐる相克を題材とした作品を多く発表した遠藤周作は、早くもその処女作『神々と神と』のなかで、汎神論的な「神々の子」たる日本人が、一神教的な「神の子」たる西洋人の心理・言語・姿勢を感得する難しさを述べている。後年、彼が自分の中心テーマの「最初の石」であったと回顧した本小品は、カトリック信者でもあったこの作家の若き日の真情の吐露といえる。また、後に本書中でふれることになる芥川龍之介も、信者とはならなかったもののキリスト教に関心を示し、「切支丹物」と総称される作品群を残している。その一つである『神神の微笑』には、イエズス会士オルガンティーノと「この国の霊の一人」である老人とが会話する場面がある。老人は、孔子・孟子・荘子や仏陀の教えが結局は日本で「造り変え」られたことをふまえ、「泥烏須《デウス》も必《かならず》勝つとは云われません」とオルガンティーノに語りかける。「我我は木木の中にもいます。浅い水の流れにもいます。薔薇の花を渡る風にもいます。寺の壁に残る夕明りにもいます。何処にでも、又何時でもいます」という老人の台詞は、汎神論的な日本の宗教を文学的によく表現したものといえる。

むろん彼らほどの深さをもって東西の宗教の相違をとらえ得る者は限られようが、異文化交流のなかで、多神教と一神教の違い、あるいはそれにもとづく考え方の違いを感じることは少なからずあろう。個人的な例となるが、筆者はカトリック系の小学校に通っていた折、付設の教会に祀られた十字架のキリスト像の姿が痛々しく感じられ、正視に堪えなかったことを今も記憶している。長じてヨーロッパ各地の教会を訪れても、存命時そのままの姿が彫刻された石棺や、デスマスク、あるいは聖遺物などの存在に、日本との絶対的な差異を感じることがしばしばある（この点では、西洋史家の鯖田豊之《とよゆき》の見方に学ぶところが大きい）。近代中国を舞台としたパール＝バックの小説『大地』には、都会に出た主人公王龍《ワンロン》が外国人から十字架像の描かれた紙片を受け取り、その意味を解しかねている場面がある。「王龍にはその絵がただ恐ろし」く、「あるいはその外国人の兄弟が、こんな目にあったことがあって、その復讐をするつもりなのではあるまいか」などと考えあぐねる主人公の姿は、東西接触の一断面の象徴ともいえるだろう。

日本における宗教の研究にあたっては、西洋で育まれた「宗教」なる概念を、そのまま日本にあてはめてよいのか、という問題がつねにつきまとう。日本人はよく「無宗教」という言葉で自らを形容するが、この言葉自体、西ヨーロッパでは「神を拒否した」ことを意味するのに対し、日本ではおおむね「神があろうが、なかろうが、どうでもいい」となる、と遠藤周作はその差を看破している。この点について、数々の評論や翻訳をなした吉田健一も、「ヨオロッパの19世紀についてそれが神の不在の時代だったというのはヨオロッパであればむしろ正当であるが、それに倣ったのかかつて日本でも神の不在ということが言われたことがあって、そうなればこの言葉は意味を持たないものになる」と彼我の違いを説き、「神があってそれを否定するのが無神論であり、神があるのかないのかも解らないのは愚劣であるということに我々に迫るものがあるためには神がそれだけ明確な存在でなければならない」と、ヨーロッパにおける神の「存在」の大きさを強調している。ちなみに、「捨てる神あれば拾う神あり」にあたる英語のことわざは、「When one door shuts, another opens.（一つの扉が閉まれば別の扉が開く）」、あるいは「God tempers the wind to the shorn lamb.（毛が刈られた子羊には神が風を加減してくれる）」であり、日本のように複数の神は出現しない。巷間いわれる「神対応」・「神ってる」といった表現も、日本的（ないし東洋的）なものであろう。

大日本帝国憲法の起草にあたった伊藤博文は、１８８８（明治二一）年、枢密院の第一回憲法草案審議の冒頭、議長として演説を行った。そこでは、「宗教ナル者アリテ之カ機軸ヲ為シ、深ク人心ニ浸潤シテ、人心此ニ帰一」するヨーロッパに対し、日本の仏教や神道といった「宗教ナル者其力微弱ニシテ」、「我国ニ在テ基軸トスヘキハ、独リ皇室アルノミ」と考え、「君権ヲ機軸」とする草案をまとめたと述べている（引用中の読点は井上ひさしによる）。この演説は井上ひさしに、「ここに、天皇教というのが生まれたのではないか」、「新しくヨーロッパのキリスト教にかわるものを、前からあるものを利用しながらこのときにつくったのではないか」という疑問を生じさせ、さらに進んで「近代日本というのは最近の例ではオウム真理教だったのではないか」との考えに（熟していないとの留保つきながら）いたらしめている。約150年前に洋行してドイツ（プロイセン）憲法を中心に調べた伊藤も、日欧の社会における宗教の存在感の相違を感じとっていたことになる。天皇誕生日や昭和の日・文化の日（旧、明治節）が「国民の祝日」であり、クリスマスや花祭りがそうでないことも、「天皇教」の存在を念頭におけば合点がいく。この伊藤博文の演説に関しては、井上ひさしに先行して、丸山真男や土居健郎《たけお》も注目している。丸山の『日本の思想』中の「近代日本の機軸としての「國體《こくたい》」の創出」という項では、伊藤が「わが国のこれまでの「伝統的」宗教がその内面的「機軸」として作用するような意味の伝統を形成していないという現実をハッキリと承認してかかった」うえで、「國體」として創出された新しい国家体制に「ヨーロッパ文化千年にわたる「機軸」をなして来たキリスト教の精神的代用品を兼ねるという巨大な使命が託された」と述べ、「このことが日本の「近代」にとってどんな深い意味をもったか」という「問題に触れないで近代日本の精神史的なパターンを語るわけにはいかない」と指摘している。また土居の『「甘え」の構造』も、「日本の在来の宗教が頼むに足らず、ひとり皇室を宗家《そうけ》とする家族国家という古来の観念のみが人心統一に寄与し得ると見た」伊藤の考えを、「一つの見識を示したものというべきである」と評価している（同書では「「おおやけ」は元来皇室を意味した」とも述べられる）。

他方、インド哲学者・仏教学者の中村元《はじめ》は、西洋の「レリジョン」religopnと仏教の「宗教」が必ずしも一致しないことを説き明かしている。その説明によれば、仏教でいう「宗」の字は言語で表現できない「人間の究極のよりどころである真理、実在」をさし、「これを言語表現をかりて説かれたもの」が「教」となる。そのような意味で禅籍にあった「宗教」の語が、明治期にレリジョンの訳語にあてられたという。また、英語religionには a religion, religious, the religion, religionという四つの語形があってそれぞれ意味が異なり、日本語での宗教論はそれらが区別されないために議論が食い違う恐れのあること、冠詞も語尾もない religion は「諸宗教にわたる本質的なもの、普遍的なものを意味する」ことが示されている。碩学によるこの著述は、日本において古今東西の「宗教」を議論するうえで、貴重な視座といえよう。

そのような議論のかたわら、日常に目を向ければ、日本列島に住む人々は多くの宗教儀礼や年中行事にとりまかれて生活し、地域には大小とりまぜ多様な宗教施設が点在している。それらのありようを歴史地理学的に研究することは、歴史的な意味でも今日的な意味でも、大きな意義を有している。筆者はすでに埼玉県秩父《ちちぶ》市に位置する三峰《みつみね》信仰を取り上げた前著において、そうした地域における信仰のあり方や、その「江戸地廻《じまわ》り経済圏」（江戸時代の関東地方で江戸を中心として形成された市場圏）との関連性を論じた。本書ではこれをふまえつつ、房総半島、とくに長生《ちょうせい》地域や一宮町《いちのみやまち》という地域を主役とし、そこに現れる多くの信仰対象について、その地域性と関連させながら述べていきたい（ここまで述べた視点については前著序論および結論でも述べたので、詳しく知りたい方はそちらを併読されたい）。

なお、本章題名に含まれる「講」に関し、桜井徳太郎（民俗学者）の説くところを引きつつその概要を示しておく。彼によれば、講は「わが国では仏教の伝来とともに輸入された語」であり、「僧尼の仏典講義の集会をよぶようになった」といい、平安時代になると法華八講《はっこう》などの講会《こうえ》が寺院や貴族の邸宅で流行した。中世に入ると、浄土真宗門徒の間で行われた報恩講が、「農民たちが神や仏に結びつく方式」を示して「地方の村落は次々とその形式を採用」し、そのことは「講発展の歴史からみて劃期的なものであった」。江戸時代には、村落・都市を問わず、多種多様な講集団が営まれたが、それらを桜井は、①「いわゆる日本民族の原始信仰を母体として結成されているもの」（山の神・月待など）、②「氏神（広義）を中心にその氏子集団が結成している講」（宮座講など）、③村内の堂や講中の家に集まって「信仰的行事を行う講」（地蔵講・子安《こやす》講など）、④「村外にある他郷の霊社名刹へ参詣するための、いわゆる代参講」の四つに分類している。本書で主に取り上げる房総半島の出羽三山《でわさんざん》講は、上記④（正確にいえば参詣講）の一つということになる（ちなみにこうした宗教的講から派生する形で、経済的講（頼母子《たのもし》講など）や社会的講（結《ゆい》講など）が成立した）。

地誌をえがくということ

本書を含むシリーズの名称は「日本の地域誌」となっているが、「地域誌」をより一般的な用語でいえば「地誌」ということになろう（筆者の大学での担当授業にも「地誌学」がある）。具体論に入る前に、ここでこの「地誌」という語に関して一言しておきたい。

英語**geography**の語源となった古代ギリシャ語**geographia**は、「土地」**geo**と「記述」**graphia**に分けられる単語で、直訳としては「地理」よりもむしろ「地誌」に近いように思われる（「地質学」と訳される**geology**の方が「ロジック」・「論理」という感が強い）。例えば、アメリカ、メリアム - ウェブスター社による*geographical dictionary*は、「土地に関する記述の辞典」、すなわち『地名事典』となる。ところが、明治になって日本が欧米の学問を輸入した際、物理学・倫理学・心理学・生理学といった名称と並んで、「地理学」という言葉が現れた。この間の事情について、垣内景子は『朱子学入門』のなかで、「中国思想史において、理学といえば朱子学」をさしていたこと（対する心学は陽明学）、そして、「当時の日本人の教養の基礎は江戸時代の朱子学であり、彼らにとって、西洋の学問に一番近しく感じられたのは、理学としての朱子学であった」と述べる。そのうえで、朱子学の基本的な学問方法である「格物窮理」（「格物致知《ちち》」）の目標（「豁然《かつぜん》貫通」という）は「あらゆる物事を窮め尽くした時点にではなく、ある程度の数量の物事を窮めて残りは類推できるという地点に設定されている」といい、そのたとえとして巨大なジグソーパズル（「世界は一枚のジグソーパズル」と表現される）を持ち出している。パズルに取り組むとき、はじめは膨大な数のピースを正しい位置にあてはめていくことに苦労するが、あるときから作業はたやすくなり、パズルの全体像がみえてくるようになる。その「あるとき」が「豁然貫通」である。垣内は、そこからさらに論を進め、「「窮理学」の名のもとに」受容された「近代以降の諸学問が暗黙のうちに前提としている発想と、朱子学の「格物窮理」とのあいだの隔たりにこそ注目したい」とし、「西洋近代の諸学問が掲げる「客観性」「合理性」「実証性」等々の錦の御旗を、私たちはいつまで無反省に有り難がっていられるのだろうか」と問うている。本書に即していえば、geographyと「地理学」との間に存在する意味のずれを認識しておく必要があるということになろう。

また日本語の「地理」の語自体に限っても、古く中国の『易経繋辞《けいじ》上伝』に見える「仰いでもって天文を観、俯してもって地理を察す、この故に幽明の故《こと》を知る」から引き継がれた江戸時代までの「地理」と、欧米の学問を輸入した明治期以降の「地理」とではやはりずれがある。中国文学者の高島俊男によれば、明治初年の「東京開成学校」（東京大学の前身）などの洋学校は、「西洋人が、西洋の学問を、西洋の言葉でおしえる学校」で、和漢文も、日本ないし中国の地理や歴史もなく、「「地理」とはヨーロッパの地理」であり、「「日本語の作文」とか「日本の歴史」とかは、そういう科目がなかった、というだけではなく、そもそもそういう観念が存在しなかった」という。１８７７（明治一〇）年の東京大学開設の頃から、「日本人が日本語で学問をおしえる」ことが構想されたが、その「学問」はあくまで西洋のものであった。そして今にいたるまで、対象が日本や中国の「歴史、地理、あるいは言語、文芸等」であっても、「ものごとを客観的対象としてすえて、研究する」西洋式の方法で取り扱われてきた。夏目漱石の『野分《のわき》』（１９０７・明治四〇年）には、文学士になりたての「中野君」と「高柳君」が登場する。富裕な名門に生まれた「中野君」は、「彼の住む半球には今までいつでも日が照っていた。日の照っている半球に住んでいるものが、片足をとんと地に突いて、この足の下に真暗な半球があると気がつくのは地理学を習った時ばかりである」と紹介され、その友人「高柳君」は「暗い所に淋しく住んでいる人間」で、「地理教授法の翻訳の下働き」をして生計を立てていた。この描写には、当時の日本における「地理学」のありようの一断面がよく反映されている。また先の高島は、青年期に漢籍や漢文に親しんだ福沢諭吉が文明開化を唱えたことを引き合いに、中国にしろ西洋にしろ借着であり、「よそのくにでできたものをかみくだいてのみこむのはお手のもの」であったことが日本の近代化・西洋化を「平地をゆくがごとく、すらすらと成功」させたと述べる。対して中国の魯迅《ろじん》は同じ西洋化を目指しても、自国の「身のかわをはがねば」ならず、中国の「西洋化はぬま地をすすむごとくであった」。「えらいひとだが、浅薄の感はどうしてもつきまとっている」という高島の福沢諭吉評は、彼個人への評言にとどまらず、その子孫たる現代日本の学界ともけっして無縁ではない。

話を地誌に戻すと、日本では、奈良時代の『風土記《ふどき》』や江戸時代の『新編風土記』・『名所図会《ずえ》』など、「近代地理学の導入以前から地誌に類する書物の編纂が盛んであった」とされ、明治期以降も日本全国を対象とする地誌書の編纂が幾度も行われてきた。地誌学は、地理学の専門分化による分裂、とりわけ自然地理学と人文地理学のそれを解決する分野であり、「地理学の本質は地誌学にある」とも考えられてきた。だが、言うは易く行うは難し、「地域を、自然事象から人文事象まで視野に入れて総合的に考察すること」は容易ではなく、「地域の個性の検出においては、研究者の主観的な判断が入り込みやすく、万人が納得するような科学的手続きは確立されていない」といわれる（『人文地理学辞典』）。

思うに、地誌をえがくという試みは、先のジグソーパズルのピースをあてはめていく作業になぞらえられよう（学校教材に都道府県パズルがあるように、地誌とパズルの親和性は高い）。本書自体は房総半島、それもそのごく一部の地域に焦点をあて、その対象地域を筆者の目を通して記述するものにすぎない。しかしながら、その個別具体的な記述のピースが「理」をもって正しくおかれれば、それは結果として「豁然貫通」のための有用な一材料となるはずである。先のデューイも、「地方ないし郷土の地理」はそれ自体を目的とはせず、「それを越えた広い世界に到達するための基礎」とすることの重要性を説いている。以下では、そうした意識をもちつつ、外部とのかかわりを含めた房総半島の地誌をえがいていきたい。

（2）房総半島の位置づけ

半島と海

アレクサンダー＝フォン＝フンボルトとならんで近代地理学の祖とされるドイツのカール＝リッターは、その論考のなかで、かつて海は地上における障害物にほかならなかったが、航海技術の進歩によって、逆に海洋交通こそがすべての民族を結ぶ最も迅速・容易な手段になったと述べている。そして、正しい空間的諸関係の判断には、陸地だけでなく、海とその流動を考慮に入れねばならないとしている。リッターの講義に接した経験をもつフランスの地理学者エリゼ＝ルクリュは、この説を引きつつ、イベリア・イタリア・バルカンの三半島を有するヨーロッパと、アラビア・インド・インドシナの三半島を有するアジアの相似性を指摘し、インドとイタリアを照応させた記述も行っている。とりわけユーラシア大陸の一半島ともいえるヨーロッパは、上記の半島をはじめとする入り組んだ海岸線をもつおかげで、全域にわたって相対的な隔海度が低く、そのことは大航海時代以降の世界史においてヨーロッパ諸国（とりわけ大西洋に面した西ヨーロッパ）に少なからぬ優位性を与えてきた。

ユーラシア大陸の東に位置する日本列島においても、海は地域性の形成に大きな影響を及ぼしてきた。そもそも日本列島の歴史をとらえるうえで、海が障壁の役割を有する反面、「人と人とを結ぶ柔軟な交通路として、きわめて重要な役割を果たしていたこと」（網野善彦）も間違いない。３７００以上の島々からなる日本列島は、東西南北の海を通じて大陸や東南アジアなどと古くから交流しており、列島内部でも湖や川、山は交通路や生産の場として重要な意味をもっていた。日本地理学の確立者の一人である田中啓爾《けいじ》は、日本各地の地域性を類型的に把握しようと、「臨海性」や「高距性」など、「……性」の表現を多用した。その説明によれば、「臨海性」地域は海上交通が結ぶ両地間の緊密度を高めることがあり、なかでも「半島性」を有する房総・三浦・紀伊・大隅《おおすみ》・薩摩《さつま》半島などの対比からは、漁港や風待港の発達など多くの共通性がみられるという（さらに半島先端部では「岬端性《こうたん》」が認められ、図A‐3のような太平洋側の岬の周辺で温暖かつ風が強いことは景観や農業にも影響を及ぼしている）。

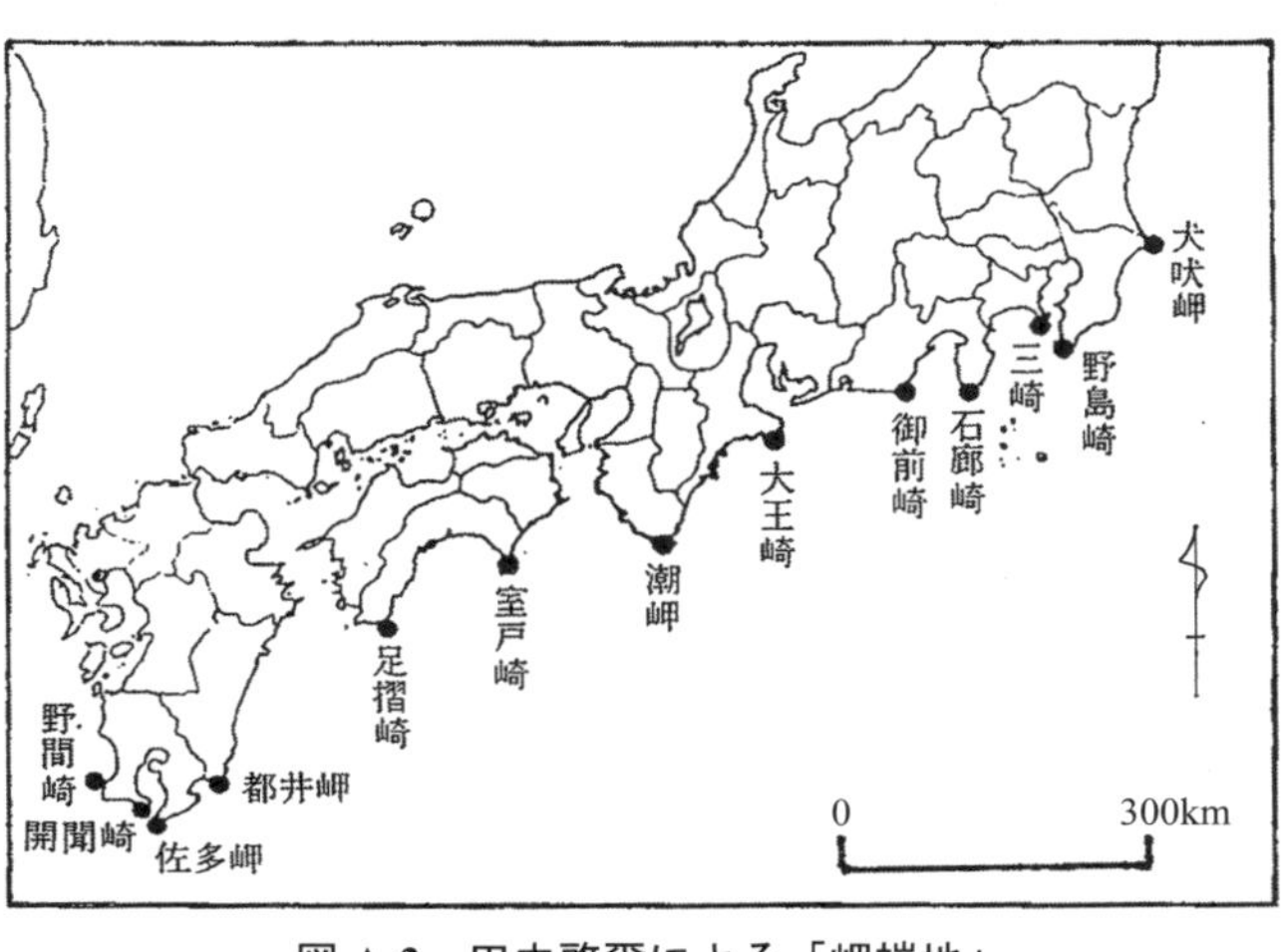

図 A-3　田中啓爾による「岬端地」
手塚（1991）による.

関口 武は日本を大きく六つの気候区に区分したが、そのなかに房総半島南部から伊豆・紀伊半島、そして四国・九州の太平洋岸までを含む「南海型」がある。この範囲は黒潮の影響をうけて年間を通じ温暖であり、梅雨前線と秋雨前線および台風による6・9月の多雨を特徴とする。ことに冬季の房総半島では、乾燥した北西季節風（空《から》っ風）が吹く北部と、湿潤な西〜西南の風が吹く南部の間に房総不連続線が形成され、その南側では暖かくなる。房総不連続線の動きは風の変化をともなうため、地元の漁民たちはこれに強い関心を有し、風の変化にかかわる諸種の天気俚諺《りげん》が伝えられていたという。この房総不連続線の影響もあって、九十九里南部から外房の降水量は比較的多く、茂原《もばら》市の年降水量（１６８５・５㎜）は千葉市よりも約２００㎜多い。なお、日本の太平洋側では概して冬に日照率が極大になるが、銚子から勝浦にかけての沿岸部では8月に主極大があり、関口はこれを「房総型」と名づけている。また、気候の強い影響をうける植生においても、シイノキやカシ類などの常緑広葉樹（照葉樹）を多く含む常緑広葉二次林（照葉樹萌芽林）は、南海型気候の範囲と重なるように房総半島南部以西の太平洋沿岸に分布しており、その北限は最寒月平均気温5度の等温線によく一致するという。気候や植生も含め、「半島性」ないし「岬端性」の類似した自然環境をもつことは、海上交通による往来と相まって、以下でみるような半島相互の交流や住民の移動を促す条件となっただろう（動物では、サワガニの遺伝子解析により、房総・三浦・伊豆半島のグループが、関東地方よりも九州地方のグループに近いことが明らかになったという。ちなみに、次章で取り上げる芥川龍之介の手紙に「沢蟹」が登場する）。

幕末から明治初期にかけて日本に2度滞在したドイツの地理学者リヒトホーフェンは、「日本を旅行していると、中国とは反対に、海上交通の影響が大きいことに気づく」、「沿岸地帯で得た外国人に関する知識は国中に広まり、辺鄙な場所までも達している」と、その日記に記している。日本が曲がりなりにも比較的円滑に「近代化」を果たした要因に関しては、前節の高島の指摘を含め、複合的なものを考えねばなるまいが、このリヒトホーフェンの記述にみられるごとく、海に囲まれた日本列島の立地と、江戸時代の列島各地に水上交通があまねく行き渡っていたことも、その一つとしてあげられよう。明治期以降の日本では、鉄道や道路といった陸上交通の発達の影で、水上交通の役割が相対的に減少した。また国外への渡航も、今やほとんどの場合が航空機によって担われている。しかし、外国との物流においては今なお水上交通は主役であるし、われわれの生活を支える食料やエネルギー資源の輸入も船に大半を負っている。

　加えて、これも海外からの輸入に頼る部分が年々増えているとはいえ、日本人が魚食を好み、産業としての漁業が一定の重要性をもつことも、海のもつもう一つの大きな意味である。ホモ＝サピエンスが繁栄した大きな要因の一つに魚食をあげる島 泰三は、縄文時代の日本列島における人口密度が先史時代の社会として例外的に高かったと述べている（旧石器時代のフランスの人口増加期で１００㎢あたり１・６人であったのに対し、縄文中期の南関東では同じ面積で５００人超）。これは主として沿岸および河川の魚介類とシカ・イノシシ猟によるもので、「日本列島住民の食糧事情が世界に類例がないほどよかったことを示している」という。『魏志倭人伝』には、「倭の水人、好んで沈没して魚蛤《ぎょこう》を捕え、文身しまた以て大魚・水禽を厭《はら》う」と海人の姿がえがかれ、大和政権の時代には部の一つに海部《あまべ》があった。藤原京や平城京で出土した木簡に記された諸国からの貢進物には水産物も含まれ、関東地方では上総《かずさ》国の鮑《あわび》や常陸《ひたち》国の若布《わかめ》があった。やがて荘園制の時代になると、天皇家や伊勢神宮に供膳《ぐぜん》・供祭《ぐさい》の魚介類などを献納する所領として御厨《みくりや》が成立し、そこでは水産物を貢進する供御《くご》人（供菜《ぐさい》人）が特権を有していた。後述のように、江戸時代の漁業の主力をなしたのは鰯《いわし》・鯡《にしん》や海藻などを肥料とするための「肥《こえ》取り漁業」（羽原又吉《はばらゆうきち》による表現）であったが、生鮮魚や輸出用俵物の供給も年代を経るごとに盛んとなった。明治期以降、日本の漁船はその動力化をきっかけに北洋をはじめとする世界各地の海に進出し、第二次大戦後は世界に冠たる水産国に成長していった。日本の漁獲量のピークは１９８４（昭和五九）年で、現在はその3分の1程度の量で推移している（しかもその約2割は海面養殖業による）。

日本では、外国旅行が広く「海外」旅行と表現され、それが国内旅行の対語としてさしたる不思議もなく使われている。知人に聞いた範囲であるが、同じく島国であるイギリスでは「海外旅行」と同じ意味の **overseas trip** が一般的に用いられるという。これに対し、大陸部に位置するフランスでは **voyage à l'étranger**, ドイツでは **Auslandsreise** と、いずれも文字通り「外国旅行」を意味する表現が使われる。ちなみに英語 **overseas**（海の向こう）に対応するフランス語 **outre-mers** は、ギアナやニューカレドニア島などフランスの「海外」領土をさすときに使われ、ドイツ語の名詞 **Übersee** は、とりわけドイツからみたアメリカをさすという。「外国」と「海外」が等号で結ばれるのも、島嶼国家ゆえの事情であるといえよう。

「海よ、僕らの使う文字では、お前の中に母がゐる。そして、母よ、仏蘭西人《フランス》の言葉では、あなたの中に海がある」。三好達治は、その第一詩集『測量船』に収めた「郷愁」で、漢字の「海」の一部に「母」があり、フランス語の **mère**（母）の中に **mer**（海）が含まれていることをこのように詠んでいる（ついでながら、フランス語の **mère・mer** は同じ発音であり、ともに女性名詞である）。日本の船霊《ふなだま》信仰をはじめ、キリスト教のマリア、道教の媽祖《まそ》など、航海神に女神が目立つことも、単なる偶然の一致ではないだろう。「母なる海」によって育まれた「半島性」は、次にみるように、房総半島の歴史的展開にも大きくかかわってきた。ただし、漢字の「海」の旧字体である「海」の旁《つくり》「毎」は、「多くの髪飾りをつけた女の姿で、頭上が鬱陶《うっとう》しいような状態」をさし（「悔」（くいる）・「晦」（くらい）にも用いる）、中国でいう「四海」は、「中華に対して四方が未開の国であるという意味」で、「海はまた知られざる暗黒の世界であった」（白川 静による）。また、「日本でいえば、長野県が何万倍も何十万倍ものひろさにひろがっているような」中国の詩に海はまず現れず、たまに出る「海」は北ないし西の域外の砂漠をさした（高島）ともいう。このあたり、同じ漢字を用いていても中国と日本の間に差があることがうかがえ、だからこそ『魏志倭人伝』にも「倭の水人」の姿が記録されたのであろう。それをあえて「国民性」というならば、本書中でもいくつかふれることになる日本各地の民謡に漁業や水運にまつわるものが多いことも納得できる。「江差追分」・「斎太郎《さいたら》節（大漁唄い込み）」や各種の「大漁節」、さらに沖縄の「谷茶前《たんちゃめー》節」にいたるまで、その例は枚挙に暇がなく、なかでも北海道における鯡漁の作業唄であった「ソーラン節」は、今や全国の運動会の定番演目となっている。あくまで筆者個人の印象だが、そうした海にまつわる民謡の伝統は現代の演歌にも引き継がれているように思われる。

房総半島という場所

現在の千葉県域にほぼ相当する房総半島の名は、南部の安房《あわ》国と、中部・北部の上総・下総《しもうさ》両国の国名をつなげたものである（「はじめに」冒頭の図A-1）。三方を海に囲まれた房総半島の地域性は、早くも縄文時代における貝塚の密集度の高さに現れている。とりわけ東京湾沿岸には、国内最大とされる加曽利《かそり》貝塚（現、千葉市）をはじめ、縄文後期の大型貝塚が多くみられ、その集中度は日本屈指である。本書で主に取り上げる長生郡一宮町にも、この時期のものと比定される一宮貝殻塚貝塚があり、埋葬人骨のほか、シジミ・キサゴ・ハマグリの貝殻を主体に、サメ・タイ・マグロ・ウミガメや、イノシシ・シカ・鳥類など海陸の獣骨が多く発掘されている。なお、当時の貝類は塩分・ミネラルの供給源として重要で、その微量元素は薬にもなったため、交易品として採集・貯蔵されたという。

　房総三カ国は、古くは合わせて総国《ふさのくに》とよばれていたが、大化改新後にまず上総と下総に二分され、さらに8世紀に上総の南部が安房として分立した。都に近い方から「上」・「下」をつける原則に照らして図A－1右下の旧国郡図をながめると、上総と下総の命名が逆のように見えるが、これはその成立期の東海道が相模《さがみ》国から東京湾を渡って上総に達し、下総から常陸国へと抜けていた事情に由来する。その後、７７１（宝亀二）年に武蔵《むさし》国の所属が東山道から東海道に改められ、上総・安房両国への道は現在の市川市にあった下総国府からの支路となった。このできごとは、交通面における千葉県の「半島性」の端緒ともとらえ得る。『更級《さらしな》日記』は、作者（菅原孝標女《すがわらのたかすえのむすめ》）が父の任地の上総国から１０２０（寛仁四）年に上京する場面で始まるが、「あづま路の道のはてよりも、なほ奥つ方に生ひいでたる人」という表現が冒頭におかれている。当時、常陸国が東路の果てで、上総国はさらにその奥にあるものという認識があったという。

　もっとも、それ以降の房総半島の歴史においても、東京湾対岸との交通は各時代で大きな影響を及ぼしていた。とりわけ鎌倉幕府の成立前、石橋山の戦いに敗れた源 頼朝が海路で安房国に落ち延び、房総半島を北上しながら各所の豪族勢力を糾合して三浦半島の鎌倉にいたったことはよく知られている（司馬遼太郎の表現を借りれば、頼朝および北条氏が挙兵した伊豆半島を含めた3つの半島が連動し、「頼朝は、南関東の海岸―東京湾岸を一周しただけで、天下を平家と二分するほどの勢力を得た」）。そうした在地勢力の雄であった平《たいらの》（上総介《かずさのすけ》）広常《ひろつね》は、平 忠常の乱後の再開発を主導した上総氏（坂東平氏の一つ）の出身で、同じ坂東平氏の千葉常胤《つねたね》とともに頼朝に従軍した。『吾妻鏡』には、広常が「周東《すとう》・周西《すさい》・伊南・伊北・庁《ちゃう》南・庁北の輩等を催し具し、二万騎を率し」たとあり、周東・周西は小糸川流域に広がる周淮《すえ》郡、伊南・伊北は夷隅《いすみ》川流域の夷隅郡、そして庁南（長南）・庁北（長北）は長柄《ながら》郡に比定される。また、鎌倉の景観復原を試みた中世史家の石井進は、古代から中世を通じて、鎌倉の基本的な中心軸が東西方向に走り、六浦《むつら》（現、横浜市）から房総半島へと渡る交通路が重視されていたと指摘する。その証拠として、頼朝の父である源義朝が「上総曹司《かずさのそうし》」と称したことや、六浦道沿いに平広常や梶原景時の館、さらに室町時代の鎌倉公方《くぼう》の屋敷がおかれていたことをあげている。房総半島からみると、これらは東京湾という内海を介した地域間交流といえる（このつながりは、今でも久里浜港（横須賀市）と金《かな》谷《や》港（富津《ふっつ》市）を結ぶ東京湾フェリーに継承されている）。

房総半島と海とのかかわりをみるうえで、もう一つ重要な地域間交流は、外海、いわゆる「黒潮の道」を介したものである。１２２２（承久四）年に日蓮が生まれた安房国長挟《ながさ》郡東条郷（現、鴨川市）は、それより先、頼朝によって伊勢外宮《げくう》に寄進され、東条御厨《とうじょうのみくりや》となっていた。自らを「海人が子」とし、その伝道によって同地が「日本第一」の御厨になったというような故郷に対する日蓮の表現は、海の恵みによって生きてきた房総半島の地域性や、黒潮による外部とのつながりを象徴している。この点で、関東地方の歴史探究において太平洋水運をもっと重視する必要があるという提唱（網野・森）は傾聴に値する。そもそも「黒瀬川」の異名をもつ黒潮（日本海流）は、メキシコ湾流とならんで世界で最大の強流であり、英和辞典にも「kuroshio」の語が立項されるほどである（フランスの歴史家ミシュレが１８６１年に著した『海』にも、「黒潮」の語が見える）。近年の報道では、海流発電の見込みがある大きな海流として、黒潮とフロリダ沖のメキシコ湾流があげられている。２００１（平成一三）年には、長崎県五島《ごとう》列島付近から漂流した漁船が約一カ月後に銚子東方沖で救助されたこともあった。日本列島の南を洗う黒潮は、房総半島を最後に陸地から遠ざかっていくため、本書を通じてみるように、房総半島は黒潮の流れに乗ってやってきたさまざまな人や文物を受け取ることとなる。他方、この黒潮と北から流れる親潮（千島《ちしま》海流）との間の潮境《しおざかい》（潮目《しおめ》）は、房総沖から三陸沖にかけての好漁場を形成している。一帯を含む北西太平洋漁場は、北東大西洋・北西大西洋とともに世界三大漁場と称され、今日でも漁獲高世界一を誇っている（その漁獲量の過半は中国が占める）。ただし潮境は、操船にとっては厄介な存在であり、１６０９（慶長一四）年のドン＝ロドリゴ一行（写真Ａ‐１）や戊辰戦争時の咸臨《かんりん》丸（榎本武揚指揮下）・ハーマン号（官軍側）など、房総沖海域での難船は数多く記録されている。このためもあって、17世紀に東廻り航路が開かれた後も、銚子から利根川・江戸川を通る「内川廻し」が並行して利用された。もっとも江戸時代には、とくに18世紀以降の太平洋側で遭難事例が多発した。その理由について岩尾龍太郎は『江戸時代のロビンソン』において、造船技術の停滞、外洋航行技術の未発達、情報・経験交流の欠如、の三点をあげている。同書では、１７１９（享保四）年に遠江《とおとうみ》国新居宿（現、湖西《こさい》市）の船が九十九里浜沖で遭難して伊豆諸島の鳥島に漂着し、１７３８（元文三）年に房総沖で遭難して同じく鳥島に流れ着いた江戸堀江町（現、中央区）の船の乗組員とともにその翌年に帰還した例が取り上げられている。また、１７８８（天明八）年には大坂の廻船が九十九里沖で遭難して鳥島に漂着しており、１８４１（天保一二）年にも兵庫や加賀・陸奥の船が房総沖で悪天候にあって遭難している。江戸時代の漂流者のなかには、大黒屋光太夫や中浜（ジョン）万次郎のように、その漂流が結果として18～19世紀の外交史に小さくない影響を与えた人物も存在する。かつてアラスカ

写真 A-1　メキシコ記念塔（御宿町）
1928（昭和 3）年建立の「日西墨三国交通発祥記念之碑」．2023 年 4 月撮影（以下，とくに記載ない写真は筆者撮影）．

がロシア領だった時代に首府がおかれていたシトカには、漂着した日本の船員にちなんで命名されたヤポンスキー（日本人）島があるという。次章で述べる明治期以降の海外移民も、大きくいえばこうした江戸時代の漂流の延長線上に位置づけられるのであろう。

さらには、ことに江戸開府以降、房総半島は関八州、今でいうところの関東地方や首都圏という枠組の一部をなすようにもなった。この例証といえるのが、滝沢（曲亭）馬琴《ばきん》によってえがかれた『南総里見八犬伝』の世界である。1814（文化一一）年から1842（天保一三）年まで、前後30年を要して書き上げられた馬琴畢生の大作は、その題名の示す通り、安房国に拠った戦国大名里見家に想を得た伝奇小説であるが、執筆時の同時代的な事象も随所に書き込まれている。その物語は安房に始まって、関八州や甲斐《かい》・信濃《しなの》・越後《えちご》に及び、広く「江戸地廻り経済圏」全域が舞台であるといってよい。『八犬伝』の中心舞台は安房ではなく、江戸を中心とする一帯にあり、それゆえに中央の人士の興味を引いたという内田魯庵《ろあん》の評もある。

このように、房総半島の地域性を規定してきた外部との関係として、東京湾などの内海、「黒潮の道」ないし外海、それに関東地方という三つの枠が想定され、時代によってそれぞれの影響力には消長があった。いかなる地域をえがく際にも、地域を閉鎖的なものとしてとらえず、外部との交流を考え合わせる必要性があることはいうまでもない。まして「半島性」を有する房総半島の地誌を述べていくにあたっては、広域的な視点をもって臨むことが肝要であろう。

文芸にえがかれた房総

明治期以降の房総をえがいた文学作品の嚆矢として、学生時代の夏目漱石が同級生の正岡子規に見せるために書いた漢文紀行『木屑録《ぼくせつろく》』がある。漱石は１８８９（明治二二）年8月、東京から学友たちと船で安房郡保田《ほた》村（現、鋸南町《きょなんまち》）に渡って海水浴に興じ、鋸山《のこぎりやま》の日本寺（現、同上：写真Ａ‐２）や日蓮出生の誕生寺（現、鴨川市：写真Ａ‐３）に参詣した。日本寺では廃仏毀釈による荒廃も目の当たりにし、誕生寺では日蓮が殺生を禁じたという鯛の浦を船で遊覧している。その後は外房の海岸沿いに銚子まで歩き、利根川経由の船で帰京している。

この旅の思い出は、彼の後年の作品である『草枕』や『こころ』のなかに反映されている。同じく漱石曽遊の熊本県の温泉が舞台とされる『草枕』には、主人公の「昔し房州を館山から向うへ突き抜けて、上総から銚子まで浜伝いに歩行《あるい》た事がある」という回想があり、途中の宿では「草山の向うはすぐ大海原でどどんどどんと大きな濤《なみ》が人の世を威嚇《おどか》しに来る」ために一睡もできなかったと振り返っている。『木屑録』は、「東金より銚子に至る途中の口号（口吟…筆者注）」として、「風は空際を行きて乱雲飛び　雨は秋林を鎖《とざ》して倦鳥帰る　一路蕭然たり荒駅の晩　野花香を濺《そそ》ぐ緑蓑《りょくさ》の衣」（書き下しは斎藤による）という漢詩を載せており、『草枕』の描写から詩中の「荒駅」は海上《かいじょう》郡飯岡町《いいおかまち》（現、旭市）付近に比定されている。一方、『こころ』の後半にあたる「先生」の「遺書」には、夏休みに友達「Ｋ」と房州に出掛け、「二人は何にも知らないで、船が一番先へ着いた」保田に上陸したとある。外房に出てからは、「暑い日に射られながら、苦しい思いをして、上総の其所《そこ》一里に騙されながら、うんうん歩き」、「暑くなると、海に入って行こうといって、何処でも構わず潮へ漬りました」という。なお、「上総の其所一里」とは、同

写真 A-2　鋸山日本寺の千五百羅漢（鋸南町）
廃仏毀釈時に荒廃したが，その後修復された．2013年3月撮影．

書の注によると、「上総の国で旅人が道をきくと、すぐそこだといわれた場所が実は一里も離れている、という諺」で「田舎の大雑把な感覚」をさす。漱石は１９０６（明治三九）年に、門下の小宮豊隆に宛てて、「夏は閑静で奇麗な田舎へ行つて御馳走をたべて白雲を見て本をよんで居たい。大磯や箱根は大きらひ」と書き送り、安房郡北条町（現、館山《たてやま》市）の別荘にいた教え子の浜武元次には、「僕も君の手紙を見たらむかし房洲へ遊んだ事を憶ひ出して甚だ愉快である。此頃は風景のいい所へ往った事がないから是非往きたいと思ふが生憎只今うんうん小説をかいてゐる」と近況を伝えている。その手紙で「昨日からいい加減な調子で始めた」とする小説こそ『草枕』である（なお、高島俊男によれば、『木屑録』と『草枕』は、「漱石が、おれはこういうことをやっているときが一番たのしいなあ、と思いながらつくったことがつたわってくるもの」のうちに含まれる）。『木屑録』の最後、「自嘲書木屑録後」と題する漢詩は、「なんにもなけれど自然が好きで　海山ばかりが思はれる」（高島訳）と閉じられる。

漱石と同じく、保田までの船に乗って房総を訪れたのが、１９０４（明治三七）年の青木繁である。彼は画友たちと安房郡富崎村の布良《めら》海岸（現、館山市）に滞在し、明治浪漫主義の代表作である「海の幸」を描いた。その後も、フランスの印象派にならい、房総の明るい海や光にひかれて、中村彝《つね》や安井曾太郎《そうたろう》といった画家たちが房総に赴いた。このうち安井曾太郎は、渡仏後に「帰国した洋画家の常として」（辻惟雄《のぶお》）不調に陥ったが、15年にわたる模索を経た「外房風景」（１９３１・昭和六年）以降、独特の風景画や肖像画の世界を展開させていった。この「外房風景」は、安房郡太海《ふとみ》村（現、鴨川市）

写真 A-3　誕生寺（鴨川市）
2019 年 4 月撮影.

にあった安井の定宿からの眺望であるという。なお、フランス印象派が鉄道の延伸とともに発達していったように、安井の絵の舞台も銚子から徐々に南下していったと川本三郎は指摘している。文学者では、山武《さんぶ》郡豊海《とよみ》村真亀《まがめ》納屋（現、九十九里町）の高村光太郎、同郡片貝村（現、同上）や安房郡勝山町（現、鋸南町）の獅子文六、夷隅郡興津町鵜原《うばら》（現、勝浦市）の三島由紀夫などが、いずれも１９３５（昭和一〇）年頃に保養（「潮湯治」とよばれた）に訪れ、その体験をもとにした作品を残している。このうち妻の智恵子の静養を目的に滞在した高村光太郎は、「人っ子ひとり居ない九十九里の砂浜の　砂にすわって智恵子は遊ぶ」から始まる「千鳥と遊ぶ智恵子」（『智恵子抄』所収）で、「人間商売さらりとやめて、もう天然の向うへ行ってしまった智恵子のうしろ姿がぽつんと見える」のを「二丁も離れた防風林の夕日の中で　松の花粉をあびながら私はいつまでも立ち尽す。」とうたっている。また、鴨川に住んだ近藤啓太郎は、自らの体験をもとに海人の暮らしをえがいた『海人舟《あまぶね》』で１９５６（昭和三一）年の芥川賞を受賞した。

　第二次大戦後の房総各地の姿を多くえがいた漫画家につげ義春がいる。その母親が夷隅郡大原町（現、いすみ市）出身という縁もあり、夏の大原を舞台とした『海辺の叙景』では、「湘南の海のようなはなやかさはない」「漁師町の海」を背景に、男女の「小さな〝夏の思い出〟が淡々と描かれている」（川本）。つげは、昭和四〇年代（１９６５〜７４年）に房総を盛んに旅しており、それらの体験から、『初《はつ》茸《たけ》がり』・『紅い花』・『西部田《にしべた》村事件』（夷隅郡大多喜町《おおたきまち》）、『庶民御宿《おんやど》』（安房郡丸山町：現、南房総市）、『やなぎ屋主人』（君津郡袖ケ浦《そでがうら》町：現、袖ケ浦市）などの作品を生み出した。彼の代表作とされる『ねじ式』でも、安井曾太郎と同じ江見町太海（当時：写真Ａ－４）を舞台に、「わらぶき屋根の並ぶ小さな漁村、床屋のあめん棒、湿地帯をまがりくねって走るローカル線の鉄道線路、山の向うからやってくる蒸気機関車、金太郎飴を売っている駄菓子屋と店先きの老婆」といった「時代から忘れられたような、それゆえに、懐しい海」を描いている。また、静岡県松崎町を舞台とした『長八の宿』には、伊豆に流されてきた鴨川の元漁師の老人を登場させている。

このように、海があり、漁港があり、川があり、山がある房総は、東京人にとっての「近所田舎」であり、「とりわけ、近代になって東京が工場都市になって、工場の煙が増えていくにつれ、「近所田舎」としての房総の価値は高まった」とされる。評論家の安田 武は、第二次大戦前における東京の避暑地には「はっきりと三つの階級」があり、その第一が軽井沢、第二が湘南、そして第三が内房・外房海岸であったと指摘している。続けて、軽井沢の華族や大ブルジョワ、湘南の山手族に対し、「房総は、下町から川向こうの裕福な商人の家族が、圧倒的に多かった」といい、房総への出発点が下町の両国駅であったことをその一因にあげている。軽井沢・湘南が別荘地帯であったのに対し、房総では「農家や漁師の家が、夏場二カ月、母屋そっくりを提供して、にわか別荘に仕立てたもの」が多く、北豊島郡巣鴨町（現、豊島区）に生まれた安田自身も親戚一統で夷隅郡御宿町《おんじゅくまち》の「町なかのかなり大きな家」に赴いていた。当時の東京鉄道局調べによる１９３４（昭和九）年8月10日現在の主要避暑地の滞在数（表A‐1）をみると、外房・内房の両者で避暑客の半数近くを占めており、「房総の海が、湘南や軽井沢に比べ庶民的だった」ことがわかる。また、（銚子駅を除いても）上総一ノ宮駅から安房鴨川駅まで避暑地が点在していた外房に比して、東京からの船便と穏やかな海が多くの海水浴客を集めていた内房では、大貫駅（現、富津市）から安房

写真 A-4　太海集落（鴨川市）
右下につげ義春『ねじ式』の１コマを示すプレートがある．2023年4月撮影）．

北条駅（現、館山市）までの駅名がほぼ連続して表中に見える。

なお、川本三郎は、歴史的に江戸幕府との関係が深かった房総半島が、明治維新、または「徳川幕府の瓦解」の際に、瓦解側・幕府側だったという「私の仮説」を披瀝している。その傍証として、房総を好んだ漱石や芥川龍之介（後述）が旧幕府側の人間であったこと（『坊っちゃん』は旧幕府側の人間の物語として読み解けるという）や、伊藤博文や山縣有朋に代表される維新元勲の別荘が房総ではなく湘南に集まっていたことをあげている。このような視点で房総の風土を照射してみるのも一興であろう。

表 A-1　東京を中心とした主要避暑地滞在数（人）
－ 1934（昭和 9）年 8 月 10 日現在－

(1) 湘南・岳南地方				
鎌倉	11,936	御殿場	4,661	
逗子	7,283	沼津	3,807	
二宮	6,311	箱根	3,390	
藤沢	5,402	熱海	3,187	
小 計			30,932	25.5
(2) 信越・東北地方				
軽井沢	7,493	渋川	4,130	
小 計			11,623	9.6
(3) 常磐地方				
水戸	17,297	下孫	2,390	
小計			19,687	16.2
(4) 外房総地方				
大原	5,310	御宿	2,524	
勝浦	4,167	銚子	2,017	
上総興津	3,168	安房鴨川	2,002	
上総一宮	2,529			
小 計			21,717	17.9
(5) 内房総地方				
保田	6,639	安房勝山	2,854	
富浦	5,323	竹岡	2,621	
安房北条	4,760	上総湊	2,526	
岩井	4,005	佐貫町	2,525	
大貫	3,550	那古船形	2,432	
小 計			37,235	30.7
総 計			121,194	100.0

下孫は現，常陸多賀．安房北条は現，館山．小計・総計の右欄は割合（%）．『鋸南町史』により作成．

関東地方のなかの千葉県

１９２０（大正九）年に始まった日本の国勢調査は、その後5年ごとに実施され、２０２０（令和二）年に百周年を迎えた。表Ａ－２は、関東地方の一都六県の人口について、その結果をおよそ四半世紀ごとに抽出して作成したものである。関東地方の人口はここ百年で四倍弱増加し、全国の人口が微増にとどまった1995（平成七）年からの25年間をみても、全国の増加幅を上回る約400万人の増加となっている。今日では国土の1割に満たない面積の関東地方に日本の総人口の3分の1が密集しており、人口密度も全国平均のほぼ4倍に達している。とりわけ東京・埼玉・千葉・神奈川の一都三県の増加が著しいが、百年間の人口増加比をみると東京都は関東平均を若干下回っており、むしろ「郊外」をかかえる近隣三県の人口が急増していることがわかる（ことに神奈川の約7倍が目を引く）。1920年の段階では東京都を除く関東各県の人口は近似していたが、その後における北関東三県の人口増加比は全国平均よりも低く、栃木・群馬は人口密度に関しても同様である。人口統計からみる限り、この期間を通じて関東地方の南北の違いが鮮明になったといえる。

　上記一都三県の数字を年代ごとに確認すると、東京・神奈川では第二次大戦前からすでに人口の増加傾向が顕著となり、戦後の増加でも先行したのに対し、埼玉・千葉では戦後に本格的な増加が始まり、1995年にかけて急増している（横浜市の政令指定都市化が1956・昭和三一年、川崎市が1972・昭和四七年であるのに対し、千葉市のそれは1992・平成四年である）。千葉県に関しては、百年間の増加比は「郊外」三県の中で最も低く、県面積の広さもあって人口密度も関東平均より低い。およそ630万という今日の千葉県の人口は全国第6位だが、増加の伸びは鈍化してきている。

表 A-2　関東地方における人口の推移（単位：万人）

	1920（大正 9）	1940（昭和 15）	1970（昭和 45）	1995（平成 7）	2020（令和 2）	2020（令和 2）／1920（大正 9）	面積（km²）	人口密度（人 /km²）
茨城	135.0	162.0	214.4	295.6	286.7	2.12	6,097	470.2
栃木	104.6	120.7	158.0	198.4	193.3	1.85	6,408	301.7
群馬	105.3	129.9	165.9	200.4	193.9	1.84	6,362	304.8
埼玉	132.0	160.8	386.6	675.9	734.5	5.56	3,798	1,934.0
千葉	133.6	158.8	336.7	579.8	628.4	4.70	5,158	1,218.5
東京	369.9	735.5	1,140.8	1,177.4	1,404.8	3.80	2,194	6,402.6
神奈川	132.3	218.9	547.2	824.6	923.7	6.98	2,416	3,823.2
関東計	1,112.7	1,686.6	2,949.6	3,952.1	4,365.3	3.92	32,433	1,345.9
（割合）	19.9	23.1	28.2	31.5	34.6	—	8.7	—
全国	5,596.3	7,311.4	10,466.5	12,557.0	12,614.6	2.25	372,973	338.2

面積・人口密度は 2020（令和 2）年の値（全国の数値は施政権の及ぶ範囲）．割合は関東地方の人口・面積の全国比（%）．『数字でみる日本の 100 年』・『日本国勢図会』により作成．

ちなみに、千葉県において「平成の大合併」を実施した市町村は、野田・柏・印西《いんざい》・成田・香取・旭・匝瑳《そうさ》・山武《さんむ》・いすみ・鴨川・南房総の11市と横芝光町であり、県の北西部から北東部、そして外房から南房へと帯状に分布している（図A‐1参照）。なかには7町村の合併によって誕生した南房総市のような例もあり、東京湾岸で合併が皆無であったことと著しい対照をなしている。

その面積の広さと耕地率の高さ（２０２０・令和二年現在、23・９％で全国第2位）により、千葉県では近郊農業も盛んである。農業産出額は全国第4位（２０１９・令和元年現在）を誇り、そのなかでは鶏卵が2位、野菜が3位、乳用牛と豚が4位になっている。また、特産品として、落花生のほか、ナシ・大根の生産が日本一（２０２２・令和四年度）である。千葉県は全体として、東京の郊外として人口を増加させるとともに、郊外を含む「首都圏」への食料供給地として展開し、さらには京葉工業地域・成田空港や東京ディズニーリゾートにみられるごとく、首都圏の工業・交通・レジャー機能の一翼を担っている（２０２１・令和三年現在、県内のゴルフ場数は全国一の１６１カ所）。そして、こうした産業や機能の県内における配置には、東京からの距離がその因子として大きく作用している。例えば、浦安から富津までの漁業権全面放棄（１９７１・昭和四六年完了）と引き替えに形成された京葉工業地域やディズニーリゾートが東京湾側に位置するのに対し、九十九里や外房といった太平洋側では農漁業や自然とふれ合うレジャー（海水浴・サーフィンなど）が相対的に今も盛んである（これに関連して川本は、昔の「近所田舎」の面影を残す「房総」と、風景の変貌著しい「千葉」とを意識して使い分けており、『るるぶ』・『まっぷる』などの旅行ガイドブックでも「千葉・房総」と併記される例が多い）。

第1章

対象地域の概観

写真 1-1　玉前神社（一宮町）
上総国の一宮とされる．2022 年 4 月撮影．

（1）長生地域の概観

位置と沿革

長生《ちょうせい》地域は、房総半島の中東部に位置し、九十九里浜の南部にのぞんでいる(図1-1)。現行(2023・令和五年4月現在)の市町村では、茂原《もばら》市と長生郡白子町《しらこまち》・一宮《いちのみや》町・睦沢《むつざわ》町・長南《ちょうなん》町・長柄《ながら》町・長生村《ちょうせいむら》の1市5町1村が含まれる。ちなみに、長生地域では「平成の大合併」が行われず、長生村は千葉県内唯一の「村」となっている。この長生郡は、1887（明治二〇）年に長柄《ながら》郡と上埴生《かみはぶ》郡（江戸時代には埴生郡）が合併して誕生したもので、長南町の大半と茂原市の一部が埴生郡であったほかは、長柄郡に属していた（カバー絵図参照）。

上総《かずさ》国の一宮が長柄郡一宮本郷《ほんごう》村（現、一宮町）の玉前《たまさき》神社（章扉の写真1-1）、二宮が同郡本納村《ほんのうむら》（現、茂原市）の橘樹《たちばな》神社とされるなど、長生地域には由緒ある神社が存在している。これについて『一宮町史』は、古墳群の分布から、「早く安房につづいて東上総の開化がみられ、のち西上総の開発が進んだ」と推定し、それが上記二社の鎮座にもつながったと考察している。中世には二社それぞれの神領を基盤とした荘園（庄園）が成立し、このうち玉前庄（一宮庄）は、前出の上総氏の本領であったと考えられている。富士川の合戦後に平《たいらの》（上総介《かずさのすけ》）広常《ひろつね》が頼朝の命で誅殺された後、広常が玉前神社に奉納した鎧に頼朝の武運を祈る願文が添えられていたことが判明し、広常の親族が赦免されるというできごともあった。上総氏が本拠とした東上総には、平安時代開創の天台宗寺院が多いとされ、その一つである市野々《いちのの》村（現、長南町）の東光寺には平安後期の薬師如来坐像、夷隅《いすみ》郡妙楽寺《みょうらくじ》村（現、睦沢町）の妙楽寺には同じ時期の大日如来坐像や不動明王・毘沙門天立像が残されている。この妙楽寺の大日如来と、長柄郡山根村《やまんね》（現、長柄町）飯尾寺（日蓮宗）の不動明王（鎌倉時代作）は、ともに漁民の篤信をうけたという。ほかにも、埴生郡長南宿（矢貫村：現、長南町）の長福寿寺、坂東三三カ所巡礼（次章に後述）の第三一番札所《ふだしょ》である長柄郡笠森村（現、同上）の笠森寺《かさもりでら》など、地域内には天台宗の名刹が点在している。長谷川匡俊による千葉県寺院の宗派別集計（年代はおおよそ18世紀後半）によれば、県全体では真言宗が45%、次いで日蓮宗が23%を占めるのに対し、長生郡では日蓮宗が約2分の1、天台宗が約3分の1と、この両宗派で8割以上になる。なお、日蓮宗寺院が多いのは、先述のような歴史的経緯とともに、長生地域の一部が「七里法華」とよばれる日蓮宗卓越地域（千葉市緑区・東金市《とうがね》・山武郡《さんぶ》九十九里町・大網白里市《おおあみしらさと》・

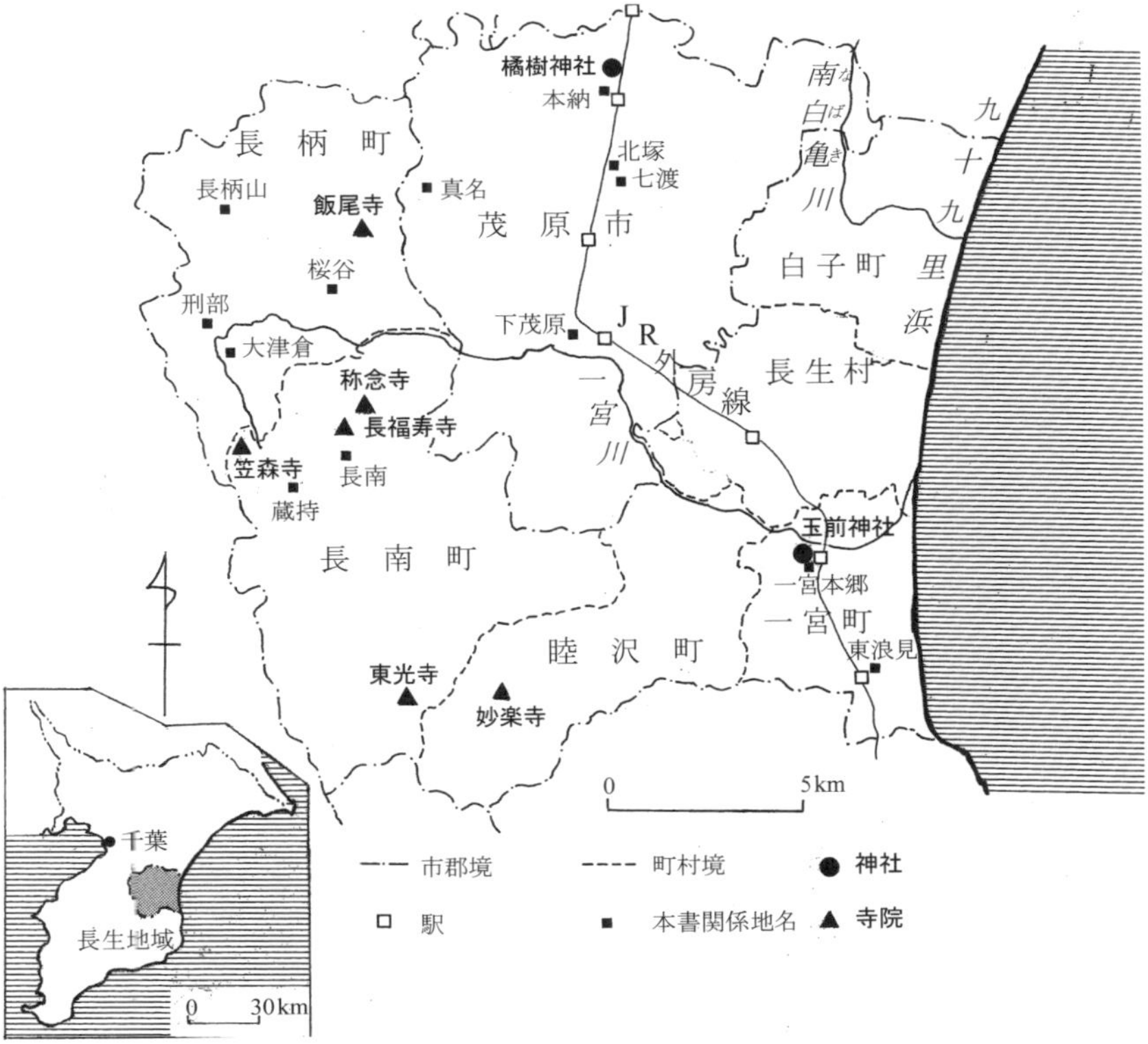

図 1-1　長生地域概要図

三木（2016）を一部改変.

茂原市北部）に含まれているのが、その大きな理由である。

日向国佐土原（現、宮崎市）の修験者であった野田泉光院（成亮《しげすけ》）は、１８１２（文化九）年から１８１８（文政元）年までの6年間にわたって廻国修行を行い、『日本九峰《きゅうほう》修行日記』（『日本庶民生活史料集成二』所収）を残した。彼のいう「九峰」は、英彦山《ひこさん》・石鎚《いしづち》山・箕面《みのお》山・金剛山《こんごうさん》・大峰《おおみね》山・熊野山・富士山・羽黒山《はぐろさん》・湯殿山《ゆどのさん》（最後の二つは後述の出羽三山《でわさんざん》に含まれる）をさし、6年にわたる旅で、泉光院は上記九峰（石鎚山を除く）をはじめ、西国・坂東・秩父の百観音や各国の一宮・国分寺などを托鉢《たくはつ》しながらめぐった。香取神宮（現、香取市）・鹿島神宮（現、鹿嶋市）などを経た彼が上総国に入ったのは１８１７（文化一四）年二月で、同二五日には「此辺上総七里法華の真中なれば、在方善根宿とては一軒もなき」大網（現、大網白里市）の旅籠に泊まったが、客たちが博打から「大喧嘩を始め、家中大騒動」となり、「博奕《ばくえき》の　咲乱れけり　花喧嘩」の句を詠んでいる。翌二六日に一宮玉前神社に納経し、その後は長福寿寺や笠森寺のほか、埴生郡千田《せんだ》村（現、長南町）の称念（千田）寺や長柄郡東浪見《とらみ》村（現、一宮町）の東浪見寺《じ》（いずれも後述）などに参詣し、南に向かっている（以下、旧暦は漢数字、新暦はアラビア数字で月日を表記）。東浪見村では、「主人は三年以前より江戸表へ奉公に出て、内には四十歳計りの女房と十歳計りの子一人住居」し、「鍋一つにて段々用を叶へる」家に泊まっている。

江戸時代の産業とその後

江戸時代、長生地域をはじめとする上総国の村々は、旗本などの小領主によって支配されることが多く、相給村落も少なくなかった。１７９３（寛政五）年の記録によれば、上総国の全１１５１村のうち、約44％が相給村落で、五給以上の村も約８％を占めていた。こうした錯綜した支配のあり方は「碁石交じり」と称され、江戸周辺地域の特徴の一つといえる。そのなかで、１８２６（文政九）年に加納氏が陣屋を一宮本郷村に移し、幕末まで一・三万石の一宮藩として存続した。諸産業の発達にともない、長生地域とその周辺では定期市網が発達し、同地域内では一宮本郷村のほか、長柄郡下茂原村（現、茂原市）・本納村、埴生郡長南宿に六斎市がおかれて在郷町の核となった。１８８６（明治一九）年の時点では、約４５００人を擁する一宮本郷村の人口が千葉県下第11位で、以下、約２１００人の本納駅（同28位）と茂原町（同29位）、約１８００人の長南宿（同32位）と続いている（表１-１）。なお本表では、銚子・佐原《さわら》（現、香取市）・木更津《きさらづ》・関宿《せきやど》（現、野田市）といった当時の水運の要衝や、佐倉・一宮といった江戸時代の支配の拠点、また中魚落《なかいおち》郷（現、いすみ市）や天津《あまつ》村（現、鴨川市）といった漁業の拠点が人口の上位を占めていることが目を引く。

一方、九十九里浜沿岸では、高度な漁業技術を有する関西漁民の出漁がみられた。司馬遼太郎の言によると、明治期以前の漁業技術には「地域によって高低」があり、「他を圧してすぐれていたのは、紀州（和歌山県）であった」という。「一本釣のうきや餌、網のさまざまから」鰹漁・捕鯨にいたるまで、「ほとんどの方法は紀州人の脳細胞からあみだされ」、鰹節の発明や熊野水軍に話柄が及ぶ。また、「――紀州の漁師と勝負したい。と、ヘミングウェイが、晩年、洩らしていたというはなしをきいたことがある」とも記している。ちなみに、明治期以降の和歌山県には、高度な水産技術をたずさえてハワイ

表 1-1　千葉県内市街の人口
－ 1886（明治 19）年－

順位	市街名	人口（人）
1	銚子	25,766
2	千葉町	18,204
3	船橋	10,419
4	佐原町	9,138
5	中魚落郷	5,759
6	木更津村	5,652
7	佐倉	5,593
8	関宿	4,966
9	八日市場村	4,824
10	天津村	4,670
11	一宮本郷村	4,541
12	八幡宿	3,304
13	検見川村	3,226
14	松戸駅	3,063
15	小見川村	2,974
（以下，本文関係分）		
28	本納駅	2,111
29	茂原町	2,060
32	長南宿	1,787

地名はすべて出典の表記のまま．中魚落郷はいすみ市大原，八幡宿は市川市内．『一宮町史』を改変して作成．

やカナダ・オーストラリアなどに移住する人々が多くいた。例えば、カナダのヴァンクーヴァー近郊にあるスティーヴストンでは和歌山県出身者が漁業集落をつくり、オーストラリア大陸北東沖のサーズデー島（木曜島）は同県出身者による貝殻採取の舞台であった（司馬遼太郎『木曜島の夜会』）。なお紀州漁民のオーストラリア沿海への出稼ぎ漁業は、明治期以前に始まっていたとされる。また、農業開拓の例となるが、カリフォルニア州に日本人植民地として建設されたヤマトコロニーでは、初期開拓民46名のうち最多の12名を和歌山県出身者が占め、7名の千葉県出身者がそれに次いでいた（その後、和歌山県出身者がコロニー内の有力集団となり、後には大土地所有の多い彼らを中心とする新たな農業協同組合が分離独立するにいたったという）。

　九十九里浜において後に干鰯《ほしか》生産の主力となる地引網（地曳網）の端緒には諸説あり、その早いものでは１５５５（弘治元）年に九十九里浜に漂着した紀伊国の人によって伝えられたとされる。この東国出漁に関し、寛永年間（１６２４～４４年）に三浦浄心によって書かれた『慶長見聞《けんもん》集』には、「東海にて魚貝取尽す事」という一節があり、「磯辺の魚《うを》を、小網、釣を垂れ取る計《ばかり》」だった入海（現、東京湾）で、「江戸繁盛ゆゑ、西国の海士悉く関東へ来り」、「地獄網と云ふ大網」を作って「海底の鱗《うろ》屑《くづ》迄も悉く」引き上げたとの表現がみられる。浄心は魚貝の枯渇を憂い、「西海の海士賢きは、関東万民の禍ひなり」と語っており、原田信男はこれに多少の誇張は認めつつも、「この史料から、近世に入って急速に大規模な漁業が展開された様子をうかがうことができよう」と評している。

　ともあれ、この東国出漁は黒潮に乗って回遊する鰯《いわし》などを追う形で、江戸時代に入る頃より盛んになり、伊豆半島・三浦半島・房総半島の各所に出漁者たちによる集落が築かれた。このとき大阪湾周辺の漁民は関東の内海に、紀伊の漁民は外海に赴く傾向にあった。江戸の佃島《つくだじま》（現、中央区）に、摂津国西成郡佃村（現、大阪市）の漁民によって町が形成されたのは前者にあたる。片や房総半島で、紀伊国有田郡広《ひろ》村（現、広川町）の崎山次（治）郎右衛門によって１６５８（万治元）～１６６１（寛文元）年に漁場と集落が開かれた海上郡高神《たかがみ》村（現、銚子市）の外川《とかわ》地区（写真１－２）は後者の代表例である（羽原又吉《はばらゆうきち》は佃島の例を「特権植民」、紀州漁民の例を「自由拓殖」と表現している）。銚子一帯では、醤油の伝播にも紀伊国出身者が大きな役割を果たし、１８５４（安政元）年の安政南海地震による津波に広村で遭遇して「稲むらの火」の逸話を残した濱口梧陵も、銚子の濱口儀兵衛家（現、ヤマサ醤油）の当主であった。御宿《おんじゅく》町岩和田《いわわだ》（旧、夷隅郡岩和田村）で「コンニャク屋」の屋号をもつ祖父の先祖を探しているうちに和歌山市加太《かだ》に行き着くという『コンニャク屋漂流記』（星野博美）の事例は、この出漁の道筋を逆にたどったことになる。なお、この星野の祖父母は東京に出て品川区戸越《とごし》銀座で町工場を営んでいたが、その家は外房の親戚や地縁関係者の東京での受け入れ先・仲介役となっていたという。これについて、星野は自身の香港在住時の記憶もたぐりつつ、「香港でも東京でも、ほんのひと昔前、生き馬の目を抜くような都会で転落せずに生き抜くために、地縁や血縁で縛られたセーフティーネットを活用していた」と述べている。生活の舞台を他所に移そうとする際に地縁や血縁を頼るのは、時代を問わない普遍的な現象といえよう。「勝浦」など紀伊半島と房総半島に共通する地名もいくつか存在しており、高度経済成長期における京葉工業地域への進出工場に関西資本の企業が多く、その基幹工が関西の工場からの配転工によって占められたという菊地利夫の指摘は、地理的慣性の根強さを垣間見せている。

写真 1-2　外川の「崎山治郎右衛門碑」（銚子市）
2015 年 5 月撮影.

こうした商業や漁業の展開を背景に、時代が下るにつれて、村落部においてもさまざまな生業がみられるようになった。長柄郡北塚村《きたつか》（現、茂原市：図1‐1参照）を対象に研究を行った渡辺尚志《たかし》によると、1828（文政一一）年の時点で、村の4割以上の家にあたる21軒が、屋根屋・酒屋・小間物屋・木挽・紺屋・大工・綿打ちなどを兼業していたという。漁業など、農業以外の産業が活発だったことは、本書の通奏低音ともいうべき長生地域の大きな特徴である。これには、江戸時代に海岸部で営まれた揚浜式による製塩も含まれ、とりわけ東浪見村の塩は品質の良さで知られていた。尊王家の高山彦九郎は、1790（寛政二）年六月七日に船で江戸を発って木更津に上陸し、房総半島をめぐって同二一日に一宮玉前神社から太東崎《たいとうざき》（現、いすみ市）経由で清水寺《せいすいじ》（後述）に向かう際、砂浜での塩焼きを目にし、「東良（ママ）見一ノ宮共に塩を利とす」と「北行日記」（『日本庶民生活史料集成三』所収）に書き留めている。

明治期以降も農漁業をはじめとする諸産業は引き続き営まれたが、1897（明治三〇）年の房総鉄道（現、JR外房線）開通を端緒に、海水浴場や別荘地としても人気を集めるようになった。第二次大戦中は、福島県勿来《なこそ》（現、いわき市）・茨城県大津（現、北茨城市）とともに一宮が風船爆弾の発射地（写真1‐3）となったが、一宮からの風船には玉前神社や香取神宮・成田山新勝寺（現、成田市）の札が貼られていたという。戦時中は、長生郡東郷村（現、茂原市）に茂原飛行場が設けられ、大戦末期にはアメリカ軍

写真 1-3　風船爆弾打ち上げ基地跡（一宮町）
右奥は 1844（天保 15）年に完成した一宮（加納）藩台場跡．2022 年 4 月撮影．

の空襲による被害もうけた。また、第二次大戦後しばらくの間は、鉄道を利用した東京方面への行商（「背負商《しょいあきない》」とよばれた）も盛んであった。

1935（昭和一〇）年に都市ガス用の天然ガス採掘が開始された茂原町では、これを利用した工場誘致なども進められ、1952（昭和二七）年の市制施行にいたった。なお、一宮と茂原の比較では、明治・大正期の一宮は富有であったが、第二次大戦中の物資統制やその後の農地改革、加えて茂原を中心とするバス路線網の形成によって、両者の地位が逆転したとされる。また、長生地域とその南隣の夷隅地域は、先述の定期市網が今も存続する地域でもある。毎日（水曜除く）開かれる勝浦市の朝市のほか、茂原市（市日は四・九日、以下同様：次頁の写真1-4）、一宮町（五・十日）、いすみ市太東（二・七日）・長者（四・九日）・大原（三・八日）・国吉《くによし》（一・六日）、大多喜《おおたき》町（五・十日）、御宿町（二・七日）の六斎市があり、東に隣接する市原《いちはら》市牛久《うしく》（三・八日）を含めると9つの六斎市が分布する（図1-2）。このうち茂原・牛久を除く7つの市を調査した久保京子は、それぞれの市の立地や配置・品目別出店数、また出店者の分布や市掛け行動などについて分析し、どの市でも野菜や青果を販売する農家出店者が多く、それ以外の品目を扱う市専門商人と農家出店者とが相補的な関係にあると指摘している。

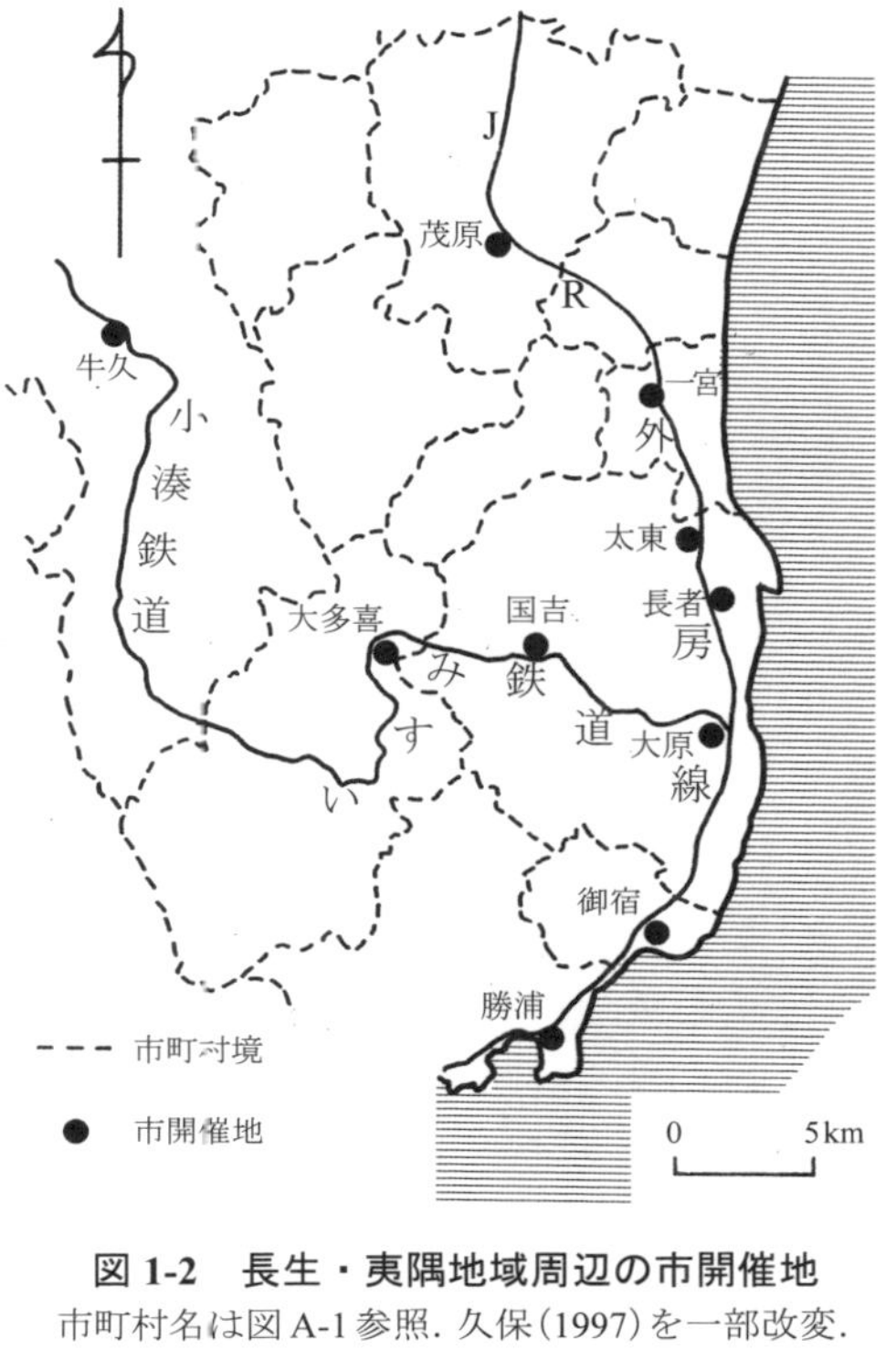

図 1-2　長生・夷隅地域周辺の市開催地

市町村名は図 A-1 参照．久保（1997）を一部改変．

近年の長生地域は、東京大都市圏の外縁部として、ゴルフやマリンスポーツなどレジャーの拠点ともなっており、白子町はテニス民宿の町として知られている。２０１３（平成二五）年には東京湾アクアラインにつながる圏央道が長生地域を通るようになり、自動車による東京都心や神奈川県方面との時間距離が短縮された。

干鰯にみる地域間交流

歴史上、漁業が人の移動や活動を促してきた例は珍しくなく、洋の東西を問わない。中世ヨーロッパにおけるヴァイキングの移動やハンザ同盟の隆盛は、鯡《にしん》漁業とかかわっていたとされる。その後、オランダは鯡漁業をより大規模に行い、アムステルダムは「ニシンの骨の上に建つ街」とよばれることもある。また、ヨーロッパからニューファンドランドへの遠洋漁業（とくにタラ）は、やがて北アメリカへの植民を経済的に可能にした。マサチューセッツ州ボストンにある同州下院議場の天井には、「この州の繁栄にとってタラ漁業が有する重要性を記念するものとして」、タラの像「聖なるタラ」が吊り下げられている。さらに19世紀の「蒸気という動力と銛という恐るべき武器を備えた捕鯨船の出現」は、軍国化（武器）と工業化（機械）のための油、すなわち「軍隊と都市を養うための脂肪類に対する巨大な新しい需要」にこたえる一手段となり、南極海探検の推進力となった（フェルナンデス‐アルメスト）。ペリー来航時、開国を要求する目的の一つが捕鯨船への補給だったことはよく知られている。日本の歴史においても、例えば

写真 1-4　茂原の朝市（茂原市）
2012 年 8 月撮影.

江戸時代の蝦夷地開拓は、何よりもまず鯡と昆布を主とする漁業中心のものであった。本項では、後の行論ともかかわるため、江戸時代における干鰯の生産と流通についてやや詳しくふれておきたい。

１７７１（明和八）年の「関東鰯網来由記」（著者未詳、『日本農書全集五八』所収）では、１６２４（寛永元）年頃に一宮本郷村の片岡源右衛門が九十九里浜の地引網を始めたとしている。これらの干鰯は関西方面に出荷されて綿花を主とする商品作物に使われた。綿花は衣料としてそれまでの麻にとってかわり、木綿を染色する藍の栽培にも肥料として干鰯が必要であった。さらに、船の帆が藁《わら》や菰《こも》や筵《むしろ》から軽い木綿に転換したことは、大型船による遠距離航海を可能とし、江戸時代の各種廻船の発達に寄与した。木綿に関しては、江戸時代に房総半島で「上総木綿」、三浦半島で「三浦木綿」の生産が盛んとなり（地元産の干鰯も利用されたであろう）、キワタ・モメンバナ・モメンダンゴといった飾り（養蚕地帯の繭玉に相当する）を小正月に木綿の豊作を願って飾るという習わしの存在も両半島に共通している。同じく干鰯を用いて育てられる紀州蜜柑は、天正年間（１５７３〜９２年）に肥後国八代から紀伊国有田郡に移植されたとされ、江戸時代に入ると海運によって江戸市中に出回るようになった（古典落語に「千両みかん」がある）。

当初、関西からの漁民は「旅網」とよばれる出稼ぎ方式をとっており、漁船や陸路で出身地との間を往復していた。１６４２（寛永一九）年には相模《さがみ》国東浦賀村（現、横須賀市）の干鰯問屋仲間が公認され、干鰯の関西への流通を担っていた。なお、浦賀にも紀伊国から来住した商家が多く、明治期における横須賀の遊郭の娼妓には三重県や和歌山県出身者が少なからずみられたという（加藤晴美）。また、八代亜紀の「舟歌」に挿入されたことで知られる民謡「ダンチョネ節」は、神戸方面の舟歌が東京経由で三浦市三崎の花柳界に伝わって生まれたとされる。

しかし、１７０３（元禄一六）年の地震および津波（次節に後述）を契機に、出稼ぎ漁民の関東定住と、地元漁民・商人の台頭という傾向が徐々に顕著になっていった。なお、上方漁法の一種として関西漁民が持ち込んだ地引網の技術は、これを九十九里浜など房総半島東岸の地形に適応させる過程で、地元漁民によるより大規模な地引網に発展したとされる。そのかたわら17世紀に各地で劇的に進展した新田開発によって、草肥《くさごえ》の供給源たる林野が減少したため、18世紀になると干鰯など金肥に対する需要がそれまでになく高まった。享保年間（１７１６～３６年）以降、干鰯は米・麦など主穀作物にも広く用いられるようになり、九十九里浜の干鰯も関東地方の農村部に仕向けられることが多くなった。それにしたがい１７３９（元文四）年には江戸の干鰯問屋仲間が公認されたほか、利根川水運の拠点である下総《しもうさ》国関宿や同国境《さかい》（現、境町）の河岸にも干鰯問屋が集まった。先の「関東鰯網来由記」は、江戸干鰯問屋の内実に詳しい者による執筆と推定されており、その末尾近くでは「農業之元トは漁業ニ而天下万民之例シ、幾万歳も諸浦〳〵大漁事を願耳（ママ）なり」と、当時の農業における干鰯など魚肥の重要性を強調している。ちなみに干鰯には、水揚げした生鰯を天日干しした狭義の干鰯と、生鰯をゆでてから油を除いて乾燥させた〆粕《しめかす》があり、後者の方が加工度・肥効および価格において高かった。

このような魚肥需要急増の一方で、日本近海では18世紀中期を底とする鰯の不漁が続き（房総半島や富山湾の例が知られる）、これに対応して、関西では西廻り航路によって運ばれた蝦夷地産の鯡が多用されるようになった。そして関東地方の農村部でも、平野哲也による下野《しもつけ》国農山村の研究にみられるごとく、九十九里浜や銚子のみならず、常陸《ひたち》国那珂湊（現、ひたちなか市）の干鰯や蝦夷地産の鯡など、「蝦夷地から東日本太平洋沿岸全体の魚肥に支えられ」る状況となった。こうした魚肥流通拡大のなかでは、上記のような干鰯問屋を通さない流通も模索された。関東幕領の代官として下野国真岡《もおか》（現、真岡市）に陣屋を設けた竹垣三右衛門は、１８０５（文化二）年に支配下の長柄郡一ツ松郷《ひとつまつ》（現、長生村および一宮町）の魚肥を直接移入しており、18世紀後期以降の下野国板荷村《いたが》（現、鹿沼市）百姓は特産の麻を九十九里浜の海村に直売し、そのかたわらで干鰯を買い集めて板荷村で販売する「のこぎり商い」を展開していたという。後者の例では、伸縮自在かつ強靱で腐敗しにくい野州麻が地引網に重用されており、その網による漁獲物が麻に施肥されるという相互関係が成り立っていた。「黒潮の道」に乗ってやってきた地引網による干鰯が、やがては「親潮の道」や「江戸地廻り《じまわ》」圏の形成に寄与したことになる。例えば、東浪見村の天台宗東浪見寺（平安時代の軍荼利《ぐんだり》明王立像を所蔵）の瑞垣《みずがき》勧進帳（１８６７・慶応三年）には、江戸の魚河岸商人や、浦賀・鎌倉・越後・会津・石巻・松前などの漁業関係者・商人による寄進がみられるという。なお、宮本常一《つねいち》によれば、鰯や鯡は灯火用の魚油としても広く用いられ、「関東地方の海岸や日本海岸のまん中から南のほうでは、イワシの油、日本の北のほうではニシンの油というように、それぞれの地方でとれる魚の油が利用」された（九州ではイルカやクジラの油、大坂や江戸の都市部ではアブラナの油が使われた）。

経世家として知られる佐藤信淵《のぶひろ》の父、佐藤信季《のぶすえ》は、１７８０（安永九）年の『漁村維持法』において、「魚を漁《とる》の業は海鰮《いわし》を猟《とる》より大なるはなし、関東九十九里浜にては、年々凡三十万金の鰯を漁し、海浜頗る富饒なり」と、九十九里浜の地引網漁業を活写している。続けて、「上総国長柄郡東浪見と一の宮の二村は、九十九里浜の南端にて、持々善き寄りの附く所なり」とし、地引網が東浪見に七統（「統」は鰯地引網漁組織の単位）、一宮に四統あったと記録している。これをうける形で、佐藤信淵も『経済要録』（１８２７・文政一〇年）のなかで、「諸国漁猟の中に於て、其業最も大なる者は、九十九里等の海鰮《いはし》なり、此九十九里の漁猟は、日本総国の第一なるべし」と記している。佐藤信淵は山辺《やまべ》郡大豆谷《まめざく》村（現、東金市）で暮らした経験も有するだけに、その記述には実感がこもっている。当時、この佐藤信淵のほか、平田篤胤（国学者）や大原幽学（農村指導者）が一宮を訪れているが、これは地引網漁業による経済力に負うところが大きく、彼らをはじめとする文化人たちの力もあって、「明治の初年においては長生郡の教育は県下に冠たるものがあった」という。なお、19世紀に入る頃から鰯は豊漁期を迎え、１８８２（明治一五）年における地引網数は東浪見・一宮ともそれぞれ12であった（菊地）。当時の鰯の豊漁と関連する地域文化の例として、上総鳶《とんび》と大漁節などの民謡があげられる。大凧揚げの盛んな房総半島にあって、一宮などで製作される上総鳶は、18世紀後期の大漁時に地引網の漁民たちが玉前神社に参詣した折の万祝《まいわい》の形をまねたのが始まりといわれる。こうした参詣時には、「浜は大漁で　陸《おか》満作で　村にゃ黄金の　花が咲く」と歌詞にある「九十九里大漁木遣《きやり》唄」が歌われたといい、この木遣唄の曲節は伊勢神宮の遷宮時に歌われた「木遣唄」が太平洋を介して持ち込まれたものとされる。また、千葉県の代表的民謡である「銚子大漁節」は、１８６４（元治元）年の豊漁時に生み出された唄で、三陸方面で歌われていた数え唄形式の「大漁唄い込み」を下地にしていた（別に、これに先行する１８３９・天保一〇年につくられた「九十九里大漁節」もある）。

１８８１（明治一四）年の干鰯生産高の統計では、上総が1位、下総が5位、安房《あわ》が7位と、房総各国が上位を占めており、１８９１（明治二四）年の鰯漁獲高でも千葉県は日本一となっている（山口和雄）。明治三〇年代（１８９７〜１９０６年）以降、肥料としての干鰯は大豆粕や化学肥料に取って代わられ、今日では食用のほか、魚油や家畜飼料（フィッシュミール）・養殖魚餌料《じりょう》に充てられている。房総において鰯は「海の米」とよばれて親しまれ、水揚量全国一の銚子港ではその過半をマイワシが占めている（２０２１・令和三年）。水産研究者の長崎福三は、第二次大戦後まもなくの学生時代、仲間と「いちばんうまい魚はなんだろう」という論議が始まり、各々が出身地の魚を自慢している場面を回想している。東京都出身の長崎自身は、「戦前、九十九里浜あたりでとれた大羽イワシの丸干しなど魅力があると思っていた」が、それを言い出す勇気がなかったという。結果的には、「戦後、あんなにおいしいイワシの丸干しはまだ食べたことがない」と回顧している。

国勢調査の結果から

２０２０（令和二）年の国勢調査による長生地域（茂原市と長生郡を合わせて長生郡市とよばれる）の現況を表１‐２に掲げた。現在、茂原市の人口は約８・７万と長生地域のおよそ６割を占めており、約１・２万の一宮町とはかなりの開きがある。ただし、茂原市や一宮町を含む同地域のほとんどの市町村で昼夜間人口比率は１００を下回っており（地域全体で92・7）、茂原や一宮などの中心地における中心性の低下と、ベッドタウン化の進展を裏づける数値となっている。昼夜間人口比率が最も低いのは長生村で、小規模な住宅地が相次いで開発されてきたため、域内では茂原市に次いで人口が多くなっている。逆に内陸の長柄町や長南町では昼夜間人口比率が高く、外部への通勤・通学率がそれほど高くないこ

表 1-2　長生郡市の現況

	人口（人）	面積（km^2）	人口密度（人 / km^2）	人口増加率（%）	昼夜間人口比率（%）	老年人口率（%）	産業別人口構成（%）		
							第１次	第２次	第３次
千葉県	6,284,480	5,157.6	1,218.5	0.99	90.3	27.6	2.4	18.4	75.7
茂原市	86,782	99.9	868.5	-3.24	95.2	33.7	3.2	25.7	68.1
一宮町	11,897	23.0	517.5	1.10	88.8	33.2	7.3	17.7	70.6
睦沢町	6,760	35.6	189.9	-6.40	83.8	42.1	8.4	27.1	64.1
長生村	13,803	28.3	488.6	-3.87	81.9	34.3	5.5	25.2	67.4
白子町	10,305	27.5	374.7	-7.57	83.0	40.5	12.5	25.4	60.9
長柄町	6,721	47.1	142.7	-8.40	107.0	44.1	9.1	26.3	63.6
長南町	7,198	65.5	109.9	-12.28	99.9	44.6	7.5	27.4	64.8
長生郡市計	143,466	326.9	438.9	-4.19	92.7	35.3	5.2	25.1	67.1

人口増加率は 2015（平成 27）年〜 2020（令和 2）年.
昼夜間人口比率は昼間人口／夜間人口（常住人口）× 100.
2020（令和 2）年国勢調査により作成.

とが読みとれる。とくに長柄町の昼夜間人口比率が高いのは、同町内における飲料工場やリゾート施設の立地が関与しているとみられる。その反面、人口増加率では、この長柄町・長南町で人口減少が目立ち、地域全体でみても一宮町以外はすべてマイナスになっている。長生地域の人口密度は千葉県の3分の1程度となっており、首都圏にあってそれほど都市化が進んでいないという地域性が示されている。とりわけ鉄道の通っていない睦沢町・長柄町・長南町で人口密度が低く、これら3町では人口減少にともなう小学校の統廃合も進められている。他方、茂原市・一宮町・長生村は、人口密度が地域の平均を超えている。ちなみに長生郡市は人口比で千葉県の2・3%、面積比で同じく6・3%を占めている。

　そのような地域性は産業別人口構成の欄にも現れており、県全体の人口構成と比較すると、長生地域では全般に第一次・第二次産業人口の割合が高く、第三次産業人口が低い特徴がある。このうち第二次産業に関しては、前述の通り茂原市を中心に天然ガス関連の化学工業や電気機械工業が集積しているほか、近年になって工業団地が茂原市や睦沢町・長生村・長南町に設けられ、そうした状況が数字に反映されている。第一次産業人口は茂原市を除いて5%を超え、なかには稲・野菜・花卉《かき》の栽培が盛んな白子町のように1割強に達しているところもある。同地域の特産物には、茂原市のネギや長生村・白子町のタマネギ、長南町のレンコンがあり、花卉では睦沢町のシクラメンや白子町のガーベラがあげられる。畜産業では酪農（睦沢町）、水産業ではアオノリ（長生村）が特筆される。なお、本書で中心的に取り上げる一宮町の産業別人口は、第一次産業が約7%、第二次産業が約18%、第三次産業が約71%となっており、地域内の平均と比較すると第一次・第三次産業で高く、第二次産業で低くなっているが、これは他市町に比して工場の集積がみられないことが影響していると考えられる。

（2）一宮町の概観

自然条件と沿革

一宮町は長生郡の東部、九十九里平野の南端に位置し、その北部を一宮川が東流している（次頁の図1‐3）。町域の北西から南東に比高40～50ｍの崖線《がいせん》（縄文時代頃の海岸線）が走っており、この崖線の西側には丘陵地とそれを刻む侵食谷、東側には砂泥質の低平地がみられ、海岸線に平行して砂堆《さたい》列（低い砂丘の列）が南北に走っている。

東日本大震災時には、一宮町域にも津波が来襲し（一宮川を13・5㎞遡上した）、家屋の床上浸水等の被害が発生した。歴史をさかのぼると、江戸時代には１６０４（慶長九）年・１６７７（延宝五）年・１７０３（元禄一六）年の「房総三大地震」があり、うち１６７７年の房総沖地震の際には、九十九里浜沿岸を約４～８ｍの津波が襲い、家屋や船・地引網が流されるなど、甚大な被害をうけた。町内東浪見集落（以下、旧藩政村を基本的に「集落」と表記）の新熊《あらくま》集会所敷地内には、このときの死者１４３名の供養塔が１６９４（元禄七）年に建てられている（写真1‐5）。次の１７０３年の地震では、津波が未明に襲ったこともあって被害が大きくなり、九十九里浜沿岸で二千人を超える死者を出した。死者のなかには沿岸の「納屋」に泊まっていた出稼ぎ漁師が含まれ、これが先述したような

写真1-5　延宝の津波供養塔
（一宮町）
2018年3月撮影.

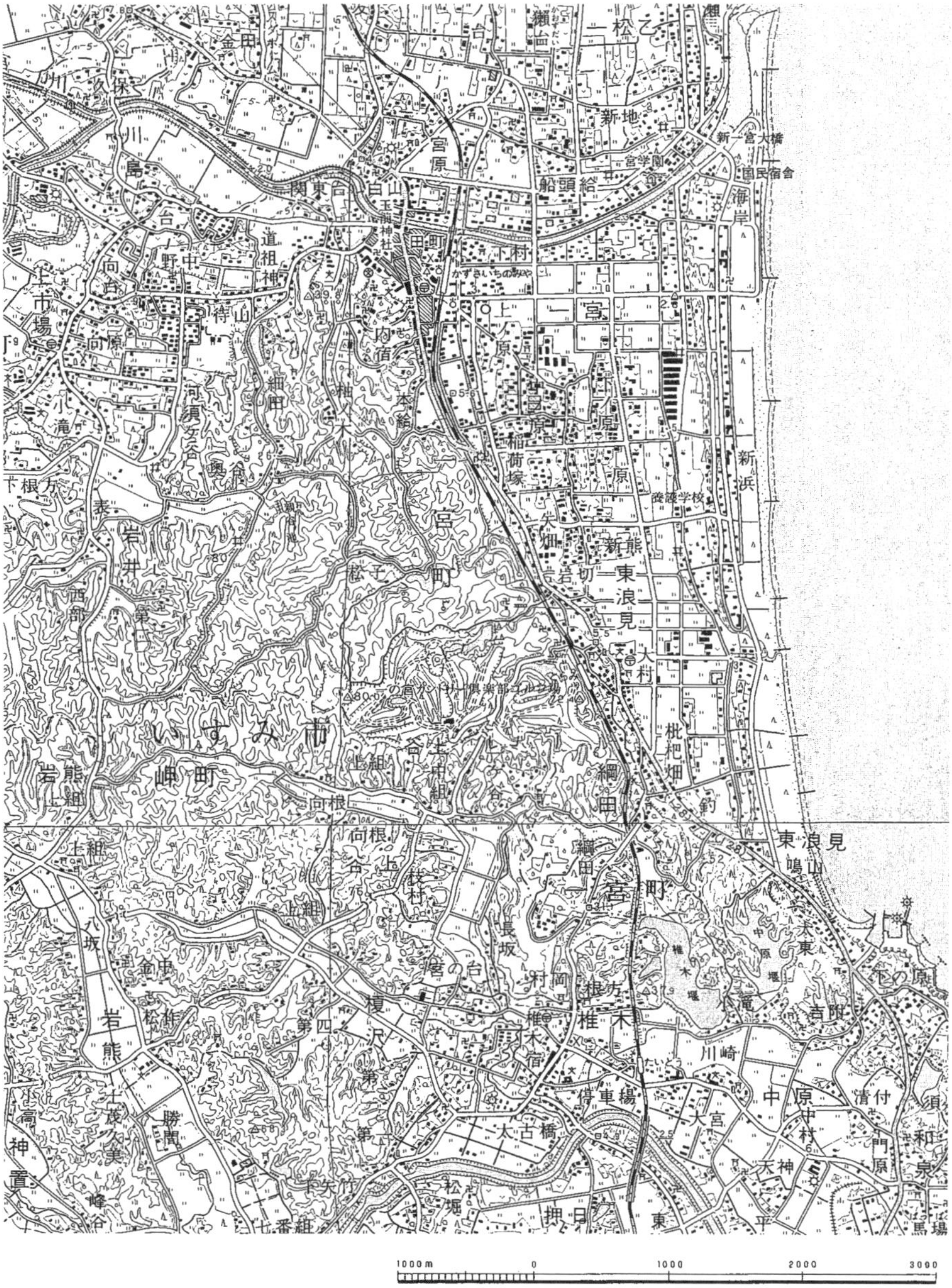

図 1-3　一宮町周辺地形図

5 万分の 1 地形図「茂原」・「上総大原」
（2008・平成 20 年発行）.

地域変化のきっかけにもなった。この元禄津波の被害は長く記憶にとどめられ、多くの供養碑が建てられたが、そのなかには昭和や平成になって建立されたものもある。また、東浪見集落の一部では、元禄地震の津波犠牲者供養のため、3月15日の「梅若忌」に老女たちが僧侶に頼んで塔婆を作り、念仏を手向けていた。

長生郡豊栄《とよさか》村（現、長南町）に生まれ、第二次大戦中には「兵隊作家」となった上田広は、戦後追放をうけて一宮町に移り、『一宮町史』の編集長などを務めた。１９５６（昭和三一）年に書かれた「黒潮おどる九十九里浜、それをずっと南にさがつて、上総一宮あたりから常春の国の感が強い」の紹介に始まる彼の『わが房総記』（『ふるさと文学館一三』所収）は、往時の一宮の風土や暮らしぶりをよく伝えている。「いうところの山の幸海の幸」はこの「房州の入口」あたりが豊富で、「山も多くて耕地も多い。海のひろいのはあたりまえ」である。「薪木炭にいたつては無尽蔵」で、「一宮から三里半も入った山の中で、もう四十年近く炭焼きをしてきたという」薪木炭売りが、「炭焼く合間にいくらでもとれる」立派な山芋を「お供」につけてくれる。ただし、「近年、そうした燃料が安くなりすぎてそろばんがとれなくなり、いささか生産量が減っている」時期でもあった。「浜に近いこの平野地帯に三つの駅」があり、朝には「米、落花生、鶏卵、野菜等を荷にした行商人」がきわめて多い。闇屋とよばれなくなった「行商人は、女の方が圧倒的に多く、しかも若い娘が目立つ」といい、行商の間に「結婚の相手をみつけるものが相当あるという」。これに関し、「この頃の農家の娘は、一般に農家に嫁ぎたがつていないそうで、いきおい自らすすんで、行商にでたがるようになるのかもしれない」と分析している。「かつての房州娘であった彼女等の母親の多くが、多産で、たくさんの兄妹を持っている」背景にも、「ひろい耕地に二毛作がやれ、海からあがる魚も一年中だから、子供がふえたらふえたで、いくらでも打つ手があるからだろう」という環境があった。その海では、「九十九里浜の漁は春から盛る。冬といっしょに春がくる感じだから、世の厳冬をよそに早くも漁の支度」が始まり、「縹渺《ひょうびょう》たる水面が魚色になっている場合がめずらしくない」が、「浜の古老にきくと、昔はもっといたそうで」、「それでまあ大漁節というような歌も生れた」と記している。この小品は、「浜に坐礁したとなると、どんなに寒い日でも、春の訪れがはっきり感じられるようになる」という鯨を夜明けの散歩中に波打ち際で発見し、警察への相談の末に「それをそっくり貰った」著者が、「町の魚屋にうりわたし」て3万円の金を得たという顛末で結ばれる。こうした海洋哺乳類の座礁は今も時折発生しており、２０２３（令和五）年4月にも30頭余りのイルカが町内の釣ヶ崎《つりがさき》海岸に打ち上げられた。後述する神仏の海洋漂着伝承とのかかわりが注目されるところである。

　現在の一宮町は１９５３（昭和二八）年に一宮町と東浪見村が合併して成立した町で、町名の由来でもある上総国一宮の玉前神社とその門前町は、近在の中心地として機能してきた。１９５５（昭和三〇）年以降減少していた町の人口は、１９７０（昭和四五）年頃を境に増加に転じており、これには一宮町が千葉市や東京都心の通勤圏に組み込まれたことが大きく影響している。一宮町を含む九十九里平野の南部から中部にかけては、１９８０（昭和五五）年以降における東京大都市圏の拡大によって、「超郊外化」が進展したとされる。東京駅では、総武線および京葉線のホームで、「上総一ノ宮」行きの表示を目にすることができ（写真１‐６）、東京駅から外房線へ直通する列車は、特急を除きすべて上総一ノ宮止まりである。東京駅におけるこれら両線のホームが、いずれも地上から10分ほどかかる地下に設けられているの

写真 1-6　品川駅ホームの表示（港区）
2018 年 4 月撮影.

は、千葉駅以遠の東京通勤圏への組み込みが比較的新しいことを暗に物語っている。始発駅としての上総一ノ宮駅の存在は、長生地域内で一宮町の人口だけが近年も増加を続けている（表1-2参照）ことにも一役買っている。

産業の概況

前述の通り、かつては一宮町域でも漁業が盛んであったが、現在、一宮町の第一次産業を支えているのは農業である。一宮町は園芸農業の先進地として知られ、町内の綱田《つなだ》集落では明治期からナシ栽培が導入された。これについては、同集落の関 宗助が玉前神社の秋祭り（後述の十二社祭）の際に露天商から買ったナシを気に入り、この苗八本を買って自宅庭に植えたのが始まりと伝えられ、やがて「東上総梨」の名を得て、品種を変えながら現在まで栽培が継続されている。また、一宮藩の旧藩主であった加納久宜《ひさよし》の一宮町（旧）長在職時（1912・明治四五〜1917・大正六年）、「加納農政」とよばれる農業振興策が推進され、「三会堂」という青年の研修場を建てて、その周辺の試験農場で果樹・蔬菜の栽培や養鶏・養豚の研究を行わせた。この流れを引き継ぎ、第二次大戦後からは海岸平野を中心にビニールハウス利用による施設園芸が始められ、後にはガラス温室も取り入れられて、主にトマト・メロン・キュウリが栽培されている。1995（平成七）年には町内に長生農業協同組合の共同集出荷場が設けられ、「長生《ながいき》ブランド」の野菜や果物を京浜市場を中心に送り出している。近年、一宮町の農業経営は、花卉栽培の導入など、さらに多様化してきているが、農業収入を畑作に依存し、稲作は自給程度という伝統的な農業形態はあまり変化していない。

門前町を起源とする一宮の中心市街地は、玉前神社の鳥居を核とする南北の通り（現在の国道128

号線）沿いに展開し、大正期頃までは一帯の商業中心地として栄えた。しかし、前節で述べたごとく、とくに第二次大戦後はその機能が低下してきている。１９９５（平成七）年に一宮小学校の保護者を対象として行われたアンケート調査の結果（竿代・福井）によれば、商品購入等における一宮町の占有率は１９８０（昭和五五）年頃の72・1％から45・8％へと大きく低下しており（逆に茂原市への流出率は19・1％から41・6％に上昇）、それ以降この傾向は強まっているものと推測される。同アンケートは、自家用車を保有する世帯が97・1％（2台以上は69・5％）、勤め人が74・6％（勤務先は茂原市20・2％、千葉市19・7％、東京都11・6％）、自動車通勤が64・4％（対して電車通勤は23・0％）、居住年数10年以下が46・8％（50年以上は23・1％）、両親との同居（三世帯同居）が45・6％など、同時期の貴重なデータを提供している。

　九十九里浜のうち、一宮川の河口部一帯は、大正期から昭和戦前期にかけて政財界の要人の別荘が建ち並び、「東の大磯」と称された。『一宮町史』によると、避暑地としての歴史は、綱田集落出身の関五郎右衛門による海水浴旅館経営に始まり、三井家の別荘を皮切りに、斉藤実・平沼騏一郎などあまたの別荘が建てられていった。戦後になると、こうした別荘のほとんどが失われた一方で、一般の海水浴客が増加し、多数の民宿が開業された。民宿は季節営業のものと通年営業のものに大別され、前者は農閑期の副業的要素を有している。一方、後者は主として転入者による専業的経営によるもので、最近ではサーフィン客が多くみられるようになり、サーフィン関係の移住者も一宮町の人口増加に寄与している。なお、同町の釣ヶ崎海岸は２０２１（令和三）年東京オリンピックのサーフィン会場となった。

　私的な思い出となるが、関西在住だった筆者が初めて房総半島を訪れたのは、小学生時代の１９８０

（昭和五五）年頃、横浜の母方の実家から祖母に連れられ、大網白里町（当時）の九十九里浜へ海水浴に行ったときと記憶している。ところが時刻が夏ダイヤに変更されていたために、乗換駅の品川で予定していた列車が来ておらず、戸惑ったことを覚えている。当時、東京方面から房総半島に向かう多くの海水浴客の需要にこたえるため、特別に「房総夏ダイヤ」が組まれていたという。やがて自動車保有の広がりと高速道路網の整備につれ、自動車を利用する海水浴客が増えて鉄道の特別ダイヤは消えていき、しかも自動車では日帰り客が多いために民宿などでの宿泊客は減っていったとされる（大学に入って関東に移った筆者が九十九里浜で泳いだときも、友人の車による日帰りであった）。２０２１（令和三）年においても千葉県の海水浴場数は59カ所と全国1位（新潟県と同数）だが、１９９９（平成一一）年の85カ所から3割ほど減少しており、旅行先やレジャーの多様化とともに、人口構造の変化にともなう「観光の少子高齢化」ともよぶべき時代の到来をうかがわせている（九十九里浜では、海岸侵食による砂浜の縮小も海水浴場減少の一因である）。

芥川龍之介の一宮

芥川龍之介は、１９１４（大正三）年と１９１６（大正五）年の二度、夏を一宮で過ごしている。１９１４年当時の芥川は東京帝国大学在学中で、失恋などによる神経衰弱に悩まされており、一宮出身の友人であった堀内利器《りき》の誘いで一宮を訪れた。一宮海岸の第一印象について、彼は「海水浴と云ふのは名ばかりで実は波こぶんなぐられてはいるのだから堪りません。海水浴場にある一の宮町役場の掲示にも泳げとは書いてないで背部を波にうたすべしとかいてあります。悪くするとひつくりかへされて水をのみます。始めての日などは可成塩からい水をのまされました」（句読点は筆者が適宜追加）

と葉書で書き送っている。また、恩師宛てにも、「水泳と午睡とを日課の如く致居候。一の宮の海は波高く砂荒く、（中略）海岸も砂丘多く所々に弘法麦と浜防風との青を点ずるも荒涼たる観をなすに止り候」と伝える一方、「風俗は他の盛り場の如く俗悪を極め居らず、月三斎町にて開かるゝ市の如きも朴厚愛す可きもの有之候」と、町や市の様子も書き留めている。もっとも、別の同級生への手紙では、「一の宮の自然はroughな（あらい。激しい…所収書注）所がいい。Dune（砂丘…同上）なんぞアイルランドのものにかいてあるやうなのがある。夕方は殊にいい」と自然を評価する一方、「一の宮の町は不景気で退屈な町だった。（中略）町の中央に玉前《サキ》神社と云ふ玉依姫の命をまつつた社があつて、その左右に五六町づつ町が開展してゐるのだが、夕方散歩をすると沢蟹が砂地の往来をもぞもぞと這つてあるく程さびれてゐる。家も藁葺で瓦屋根は数へる程しかない」と、町には手厳しい。「一の宮の町に三軒しかない土蔵づくり」で「商売は麻問屋」の家に起居した芥川は、保養の効果あってか、帰京後に「体は大分いい。胃病も癒つたし可成（僕としては）肥った」と記している。

二度目となる１９１６（大正五）年の一宮滞在は、彼の帝大卒業直後であり、同級生であった久米正雄とともに、海岸にある一宮館に宿をとった。文学上の師である夏目漱石への手紙では、「今居る所は、この家で別荘と称する十畳と六畳の二間つづきのかけはなれた一棟ですが、女中はじめ我々以外の人間は、飯の時と夜、床をとる時との外はやつて来ません。（中略）我々は、この別荘の天地に、ねまきも、おきまきも一つで、ごろごろしてゐます」と、「我々のボヘミアンライフ」を紹介している（この建物は現在「芥川荘」として保存：写真1-7）。「一の宮の宿屋でぶらぶら本をよんだり原稿を書いたり海へはいつたりしてくらしてゐました。そのあひまには画をかいたり俳句を作ったりしました」という滞在を終え、「東京の空気が埃くさく煤煙くさいのに驚きます。所謂塵霧の気があるのですね。

この頃では時々もう少し向ふにゐればよかつたと思ひます」と、友人に向けて一宮を懐かしんでいる。この滞在中、芥川は後に妻となる塚本文《ふみ》へ求婚の手紙を書き送っている一方、漱石からは4通の手紙を受け取っている。その4通目では、漱石が芥川の『芋粥』を褒めるとともに、芥川たちが送ったカマスの干物への礼が述べられている。ちなみに漱石は、1907（明治四〇）年、「別荘地見分の為め」一宮に出かけたが、気に入らなかったらしく、「一の宮より稲毛の方がよくはないか」などと当時の手紙に書いていている。

久米正雄によれば、芥川は久米から譲られた材料をもとに一宮で『手巾《ハンケチ》』を書き、芥川にとって「或は一宮で僕と二人で暮らしていた間が、文学的に恵まれた点からいったら、一番幸福だったろうと思われます」と回顧している。なお、芥川は短編『蜃気楼』で、この一宮滞在中に久米が先の『芋粥』の校正刷りを読んだことにふれている。とりわけこの二度目の一宮滞在は、後年、芥川には青春の鮮やかな思い出として定着し、『海のほとり』・『微笑』といった作品の舞台にもなっている。うち後者は、「僕が大学を卒業した年の夏、久米正雄と一緒に上総の一ノ宮の海岸に遊びに行った」との書き出しで、一宮の町への散歩の帰途、砂山で久米正雄が急に走り出したために芥川もそれを追いかけ、宿に戻ってそれが「後架」（便所）のためであったと知る小品であり、こう閉じられる。「爾来《じらい》、七八年の日月は河のやうに流れ去つた。僕はもう何時の間

写真 1-7　芥川荘（一宮町）
「一宮館」の敷地内にある．
2022 年 4 月撮影．

にか額の禿上るのを嘆じてゐる。久米も、今ではあの時のやうに駆け出す勇気などはないに違ひない」。

玉前神社と海

一宮の玉前神社（図1-4）は玉依姫《たまよりひめ》を祭神とし、海岸への寄石を祀ったとの由緒を有している。柳田国男は、『妹の力』所収の「玉依姫考」にて、玉前神社は九十九里浜沿いの各所に祀られた玉崎神社の本社で、玉依姫とは海からの霊石を管理した巫女《みこ》の祖先、すなわち神に接近してその王子を産むほどの神異をそなえた婦人をさすと考えた。なお、同じ論考で柳田は、関東・東北地方に玉依姫を祭神とする羽黒神社が数多く分布することや、出羽三山の羽黒山（第3章に後述）にも玉依姫との結びつきがうかがえることも指摘している。『一宮町史』では、玉前神社社殿の最古の棟札が1687（貞享四）年のものであることから、現在の宮地の整備が江戸時代になってからであると推察している。名主の支配外にある社家として、田中・風袋・宮本・小塚・飯塚の五家があるといい、これは同社に参詣した高山彦九郎の「社家五家別家合せて二五軒とぞ」との記述と一致する。「北行日記」には、当時の玉前神社境内について、「薬師堂不動堂は鳥井（ママ）の右にあり、左りに観音堂釈迦堂有り」、鳥居を入って石階を上ると、「右に手水場神楽殿左りに末社大杉大明神、本社一ノ宮南向」にあったと子細に描写する。彦九郎は神主の田中但馬宅に二泊し、「当所の名産とてしじみを出す、大也。田中氏酔いに乗じて語る、酒出っ」と記している。

海に三方を囲まれた房総半島では、玉前神社以外にも、海とかかわる伝承や祭事をもつ神社が多く点在している。例えば、一宮町から勝浦市にいたる沿岸部一帯では、次項で述べる玉前神社の十二社祭以外にも、いすみ市の大原はだか祭（鹿島神社など一八社）や長者五社祭（長者の天神社）など、「シオフミ」

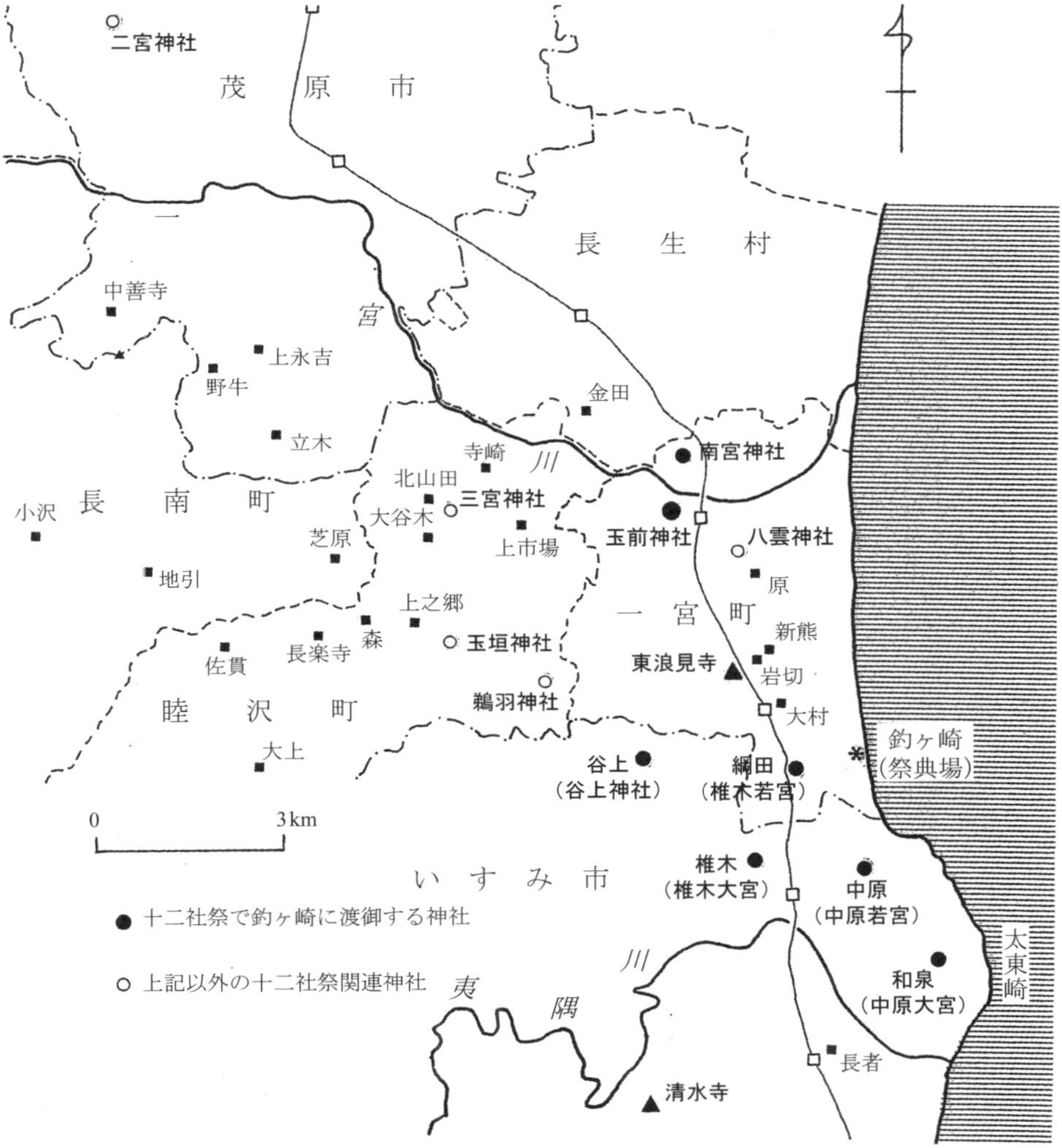

図 1-4　一宮町周辺図

上記以外の凡例は図 1-1 に同じ．三木(2016)を一部改変．

と称する海岸への神輿渡御が祭礼時に催される事例が多い。これらの祭や十二社祭は複数の神社の神々が集まって一つの祭を行う「寄合い祭」でもあり、いすみ市の中根六社祭（押日《おしび》の八幡神社）もそれに該当する。また玉前神社と同じく玉依姫を祭神とし、海中からの霊石を祀ったとする東庄《とうのしょう》町の東大神《とうだいじん》（玉子《たまご》大明神との別称もある）では、その伝承にもとづき20年おきに銚子市への浜下り神幸が行われており（やはり複数の神輿が随行する寄合祭りの形をとる）、漂着信仰や海神系統の伝承は、房総半島の「半島性」という地域性と分かちがたく結びついている。ほかにも関東地方の沿岸部には浜降り神事を伝えるところが多く、安房国一宮の安房神社（現、館山《たてやま》市）や相模国一宮の寒川《さむかわ》神社（現、寒川町）はその代表的存在である。また、常陸国一宮の鹿島神宮および下総国一宮の香取神宮の式年神幸祭でも、それぞれ御座船に移した神輿が渡御する神事が執行されている。

十二社祭の催行

玉前神社の氏子圏は近隣の旧三十数カ村に及ぶとされ、9月に催される例大祭は「十二社祭《まつり》」と称されている（図1－4参照）。この祭礼は、睦沢町岩井の鵜羽《うば》神社で8日に挙行される御漱《おみすり》祭（宵祭）に始まり、10日の十日祭（お迎え祭）では鵜羽神社の神輿が玉前神社まで渡御し、玉前神社にて両祭神の「御霊合わせ」が行われる。その後の直会《なおらい》が終わると、鵜羽神社の神輿は八雲神社へ向かい、そこで釣ヶ崎を遥拝し、鵜羽神社へと還御する。松本信広やアウエハントは、この鵜羽神社の祭神を玉依姫の姥神、つまり神の母であると考えている。

一方、玉前神社では、祭礼前の神事として、8日に各集落での幟立て、9～13日に神官による海浜での潔斎が行われる。一二日の御漱祭の後、一三日に例大祭が催され、それらの際には、二宮神社

（茂原市山崎）や、玉垣神社（睦沢町下之郷）・三宮神社（同町北山田）の神輿が玉前神社まで渡御する。大祭後、玉前神社の神輿は太東崎北側にある釣ヶ崎の祭典場まで往復し、このシオフミのときに海岸を男性たちが褌《ふんどし》一丁で疾走したことから、十二社祭には「裸祭り」の異称がある（写真1-8）。「十二社祭」の呼称は、上記を含めた六社12基の神輿が釣ヶ崎に集まったことに由来するとされるが、現在では玉前神社・南宮《なんぐう》神社（一宮町宮原）の二社4基と、これを迎える綱田《つなだ》（同町）・椎木《しいぎ》・中原《なかはら》・和泉《いずみ》・谷上《やがみ》（以上、いすみ市）からの5基、計9基が集合して御霊合わせを行っている。迎える側の5基のうち、谷上のものを除く4基は「山之内四社」とよばれ、椎木玉前神社の若宮（綱田）・大宮（椎木）、中原玉崎神社の若宮（中原）・大宮（和泉）となっており、1833（天保四）年の『房総志料続篇』（後述）にはこれら4基が「玉依姫命神輿」であり、「内郷四社」との呼称があったと書き留められている（対して一宮玉前神社をはじめとする「外郷八社」もあった）。なお、こうした神輿の構成には、椎木・中原・和泉の3集落が1954（昭和二九）年まで長柄（長生）郡域に含まれていた経緯も関係していよう。

写真 1-8　十二社祭（一宮町）

神輿を練らずに，「走る」ことに特徴がある．近年はこのように着衣姿が増えたが，かつては上半身裸の人が多く「裸祭り」とよばれ，一部に褌姿も見られた．2012 年 9 月撮影．

玉前神社十二社祭の一連の行事に関しては、さまざまな視点からの検討が加えられており、玉前神社の海との密接な結びつきから、その祭神の性格を海から渡来した同族集団の産土神《うぶすながみ》とする見方もある。海とのかかわりという点では、十二社祭における南宮神社の神馬行事も注目され、神馬が釣ヶ崎の祭典場へ行く前に東浪見の浜納屋に立ち寄って、干鰯の売り買い問答を行っている。さらには、全般を通じて「昔の部落を構成する年序階級の活躍が、祭事の上に今日も残っておること」は否み得ず、「若者達が水際を裸かで走る行事が曾っての若人の水辺に於ける集いの遠い根（ママ）跡を止めていないと断言することは出来ぬ」とする松本の主張も含め、この祭礼と一宮町およびその周辺の地域性との関連はけっして小さくはないといえよう。その一例として、十二社祭における「年序階級の活躍」と、長生地域における年齢階梯的社会構造（第4章に後述）との照応を指摘することができる。

第2章 巡礼と諸寺社への参詣

写真 2-1　笠森寺（長南町）
2012 年 8 月撮影.

（1）房総半島をめぐる巡礼

坂東三三カ所観音巡礼

「巡礼」は、日本に限らず世界各地の宗教にかなり普遍的にみられる行動様式である。イスラム教のメッカ（マッカ）や、キリスト教のローマおよびサンティアゴデコンポステラ、ヒンドゥー教のヴァラナシ（ベナレス）、チベット仏教のカイラス山などは、その代表的存在といえる。なかにはエルサレムのように、複数の宗教の聖地であることが、政治的・軍事的緊張を引き起こす一因となっている場合もある。

そのような世界各地の巡礼と日本のそれとを比較したとき、日本では「めぐ（巡）る」という行為自体に重きがおかれていることが大きな特徴といえる。これについて、地理学における巡礼研究では、「往復型」と「回遊型」（森 正人）、「単数聖地巡礼」と「複数聖地巡礼」（田中智彦）といった分類がなされている。それらにしたがえば、日本の主な巡礼では、最終的な目的が絶対的な聖地への到達におかれているのではなく、四国遍路や西国巡礼のごとく、むしろ八八や三三などと規定された聖地を一つ一つ訪ねることに主眼がおかれている。四国において、今なお「歩き遍路」が尊ばれるのも、「めぐる」過程を重視するという文脈のなかでとらえられる（これをさらに敷衍すれば、日本の古典における「道行《みちゆき》」や、柔道・茶道といったさまざまな「道」が有する精神的性格にも関連づけて考えることができよう）。また、定められた聖地を順序にしたがって参詣することから、「順礼」の字があてられることもあり、四国や秩父《ちちぶ》では寺名よりも札所《ふだしょ》番号の方が通りが良いことも多い。

歴史をたどると、西国巡礼は遅くとも12世紀には成立しており、当初は天台系や真言系の宗教者による修行の一環として行われ、単に「三三カ所巡礼」とよばれていた。その後、15世紀になると巡礼が民衆化し、その衣装や所作（例えば笈摺《おいずり》や納札）に一定の形式がもたらされた。とくに東国からの巡礼者の増加とともに、「西国」の文字が冠せられるようになり、熊野三山（第4章に後述）の一つである那智山の青岸渡寺《せいがんとじ》を第一番とする札所の順序も確立していった。同様に、四国遍路についても、宗教者の遊行として行われていたものが、江戸時代に入って庶民に広がっていったとされる。なお、網野善彦は「四国」という地域呼称の成立に遍路のような神仏との関連をみているが、同様のことは「西国」や、次にみる「坂東《ばんどう》」に関しても一考の価値があろう。

その坂東三三カ所観音巡礼は、西国巡礼の地方移植版の一つとして、13世紀にはその存在が史料的に確認できる。坂東巡礼成立の要因としては、鎌倉幕府の影響力の介在や、幕府成立後に東国と畿内の交渉が活発化したこと、さらに当時より東国からの西国巡礼者が存在していたことがあげられている。後に、開創当初は三三カ所であった秩父巡礼の札所数が16世紀にいたって三四カ所に改められるに及び、西国・坂東・秩父を合わせた百観音巡礼が成立した。江戸時代の坂東巡礼は、主として東国の住人によって成り立っていたが、その知名度は西国においても比較的高かった。

房総半島と坂東巡礼

鎌倉を出発地とする坂東巡礼は、旧国ごとに、関八州をおおよそ時計回りにめぐる形をとっている（図2-1）。札所のなかには、鎌倉の長谷寺《はせでら》（第四番）や東京の浅草寺《せんそうじ》（第一三番）、日光の中禅寺《ちゅうぜんじ》（第一八番）といった著名な寺院も含まれる。房総半島では、第二七番の飯沼山円福寺（銚子市）から数カ寺を経て、その先端部に位置する補陀落《ふだらく》（補陀洛）山那古寺《なごじ》（館山市《たてやまし》）で結願《けちがん》を迎える（ただし、巡礼の順序についていえば、江戸時代の江戸を起点とする巡礼者の場合は、必ずしも那古寺が最後となる経路をとらなかったとされる）。

円福寺本尊の十一面観音が利根川河口付近で漁夫によって引き上げられたという伝承を有し、那古寺本尊の千手観音も海中から得た霊木を行基《ぎょうき》が刻んだものとされるほか、那古寺の補陀落渡海（第4章に後述）を想起させる山号など、房総の札所では海とのつながりが濃厚である。なお江戸のかかわりでは、那古寺が江戸時代に3度の本尊出開帳を行い、それで得た寄進を元手に境内を整備するという結びつきもあった。

長生《ちょうせい》地域には、前章であげたように第三一番の笠森寺《かさもりでら》（章扉の写真2-1）が位置し、隣接するいすみ市（旧、夷隅《いすみ》郡鴨根村）にも第三二番の清水寺《せいすいじ》（天台宗）がある。笠森寺本尊の十一面観音からは１４２６（応永三三）年の墨書銘が見つかっており、同年間に奉納された磬《けい》や鰐口と合わせ、当時の信仰を物語っている（『千葉県史料』）。さらに同寺では、１５８２（天正一〇）年から１６２１（元和七）年までの巡礼札が15点確認されており、新城常三《しんじょうつねぞう》はこのうち僧名のものが一点のみであることに注目して、西国巡礼に比して坂東巡礼では早くから俗人が優勢であったと指摘している。

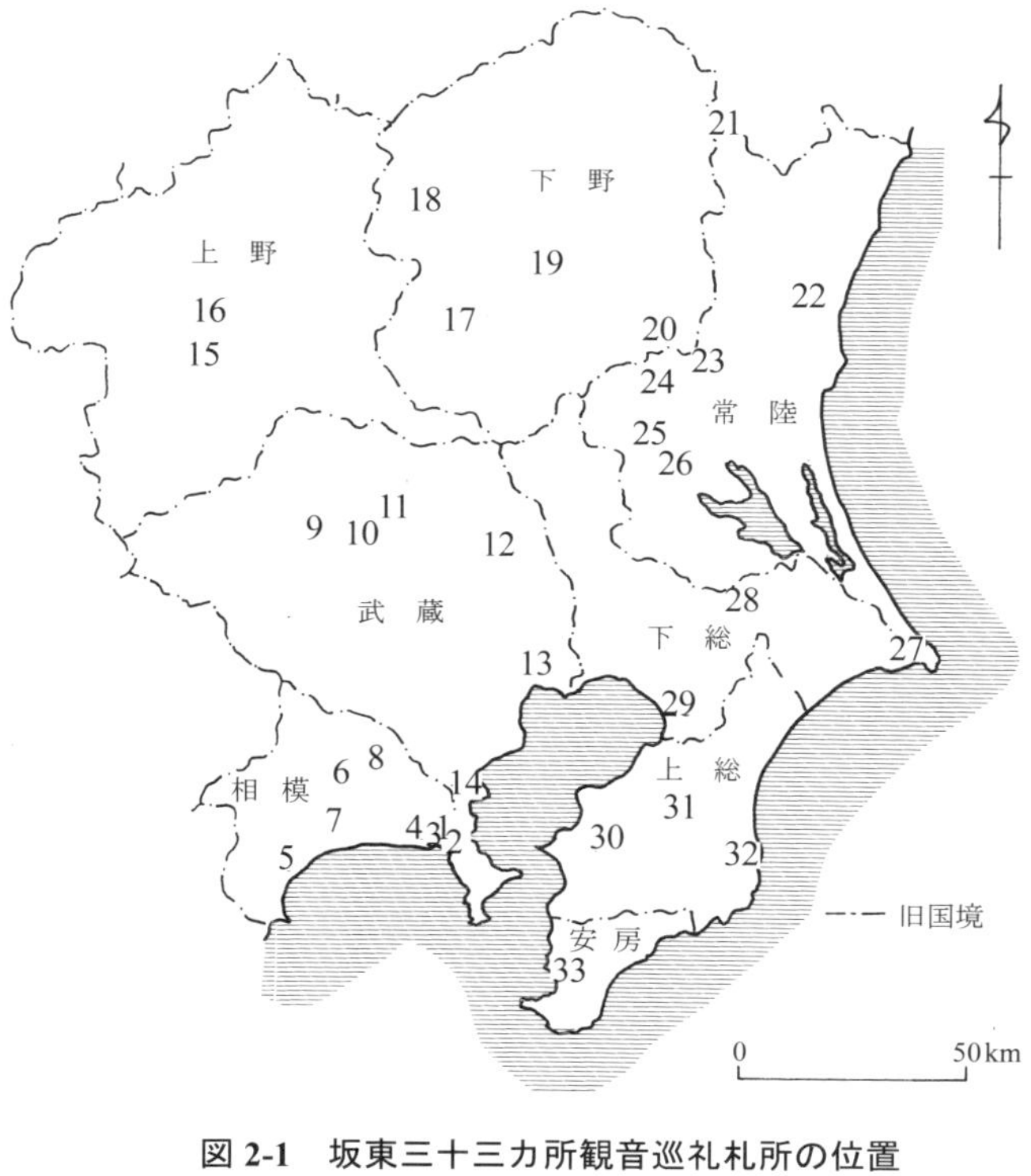

図 2-1　坂東三十三カ所観音巡礼札所の位置
図中の数字は札所番号を示す.

戯作者の山東京伝に、この笠森寺に題をとった「笠森娘錦之笈摺《かさもりむすめにしきのおいずり》」（１８０９・文化六年）という作品がある。本作は、上総《かずさ》国長柄《ながら》郡の孝女が、笠森観音の信心ゆえに幸せを得て、錦の笈摺を着て故郷の笠森観音へお礼参りするという筋書きであり、その冒頭には笠森観音の巡礼詠歌や略縁起が収載されている。同じ頃、十返舎《じっぺんしゃ》一九が著した『方言《むだ》修行金草鞋《かねのわらじ》』（１８１３～３４・文化一〇～天保五年）第一〇編は坂東巡礼紀行となっており、各札所の詠歌なども紹介されている。この二つの著作は、19世紀前期の少なくとも江戸において、坂東巡礼が一定程度の人口に膾炙していたことを裏づけている。ちなみに後者では、銚子の円福寺から九十九里浜沿いに笠森寺・清水寺を経て那古寺にいたり、その後に内房の札所を回って最後に第一三番の浅草寺を参詣しており、「この順礼其順には廻はり難たし。只道の順よきやうに廻はるやう」と指南している。同じ『方言修行金草鞋』の第一七編は、日蓮の霊跡寺院である誕生寺（現、鴨川市：「はじめに」参照）参詣を中心とした房総紀行となっており、清水寺・笠森寺が再登場するほか、やはり日蓮宗の霊跡である鷲山寺《じゅせんじ》（現、茂原《もばら》市）などの記述も見える。

第三二番の清水寺に関しては、近年、天台宗南総教区研修所による調査が実施され、その仏像や縁起などの調査結果がまとめられている。それによれば、平安時代の十一面観音像を所蔵する清水寺は、１１７６（安元二）年に真言宗から天台宗に改宗され、鎌倉時代には現在の奥ノ院（十一面堂）本尊や本堂本尊前立、二十八部衆立像など相当規模の造仏事業が行われた。その後、18世紀初期、「中興二十三世」とされる高典の代に、それらの仏像の修復や、本堂・奥ノ院の再建がなされた。また、同寺には、14～15世紀の作と推定され、山岳信仰とのかかわりが指摘される虚空蔵《こくうぞう》菩薩坐像や、１８３０（文政一三）年に「行屋堂本尊」として造立された大日如来坐像が残り、かつてさまざまな信仰の形を包摂していた名残として興味深い。

房総半島の写し霊場

坂東巡礼などが相対的に広範囲から多くの参詣者を集めた一方、とくに江戸時代以降については、房総半島において数多くの写し霊場が草創された点も注目される。上総国内に限っても18の写し霊場が確認されており、その多くが18～19世紀に創設されている（長谷川匡俊）。こうした巡礼や写し霊場に対する信仰と出羽《でわ》三山《さんざん》信仰とのかかわりに注目したのが岡倉捷郎《かつろう》である。その論考は、千葉県内における三山碑と西国・坂東・秩父の百番札所塔の分布を手がかりとして、両者を兼ねた「三山・百番塔」の存在や出羽三山登拝帰着後の百社参り（次章に後述）と百観音巡礼との関連を指摘し、出羽三山信仰と観音巡礼との重層性を示唆している。これらの関連性の解明は今後の課題であるが、熊野信仰自体もまた、参詣途上における九十九王子参拝といった形で巡礼的性格を内包しており（その参詣道の一部は、熊野三山とともにユネスコ世界文化遺産に登録されている）、「めぐる」行為が日本の宗教に占める位置の大きさを再確認できる。

上総国内の写し霊場のうち、上総国順礼や上総国札ともよばれた上総三四カ所観音巡礼（以下、上総巡礼とする：図2‐2）は、その代表的存在であったと考えられ、後述する『房総志料続篇』や『南総珍』といった史料にもその名が見える。これらにもとづく研究によれば、上総巡礼の正確な創設時期は不明だが、1734（享保一九）年に夷隅郡押日《おしび》村（現、いすみ市）の観音寺を第六番に加えて三四カ所になった記録が残されているという（三四カ所になった要因として、秩父巡礼と同様に、西国・坂東と合わせて百カ所とする意識があったと想定されている）。上総巡礼では、同国のうち武射《むしゃ》・山辺《やまべ》を除く七郡の寺院をめぐり、坂東三一番の笠森寺を第一番として、第五番の観明寺《かんみょうじ》（一宮町）まで、長生地域に札所がある（ちなみに観明寺は、江戸時代まで一宮玉前《たまさき》神社の別当寺であり、1263・弘長三年の銘をもつ十一面観音菩薩立像などの古仏を伝えるほか、境内の金《こん》比羅《びら》社は大漁祈願の信仰を集めている）。それに次いで、坂東三二番の清水寺は上総巡礼の第七番、同寺奥ノ院は第八番となっている。その後、上総巡礼は房総半島を横断して内房に入り、坂東三〇番の高蔵寺《こうぞうじ》が第一八番となり、市原《いちはら》郡相川村（現、市原市）の普門院で結願する。上総巡礼については、1914（大正三）年に『上総国札詠歌并略縁記』と題する刊行物が出されており、少なくともその頃までは巡礼が実際になされていたことが確認できる。これらの札所に関する『一宮町史』の記述では、1月17日の初観音には一日がかりで清水寺に参詣する者が多かったほか、夜には観明寺の観音堂で念仏が唱えられ、その後は踊りなどもあって大正期までは参詣者が多く、夜店も出たという。一方、清水寺奥ノ院は、夷隅郡内の寺々をめぐる伊南《いなん》観音札所の第一番とされており、広狭さまざまな複数の

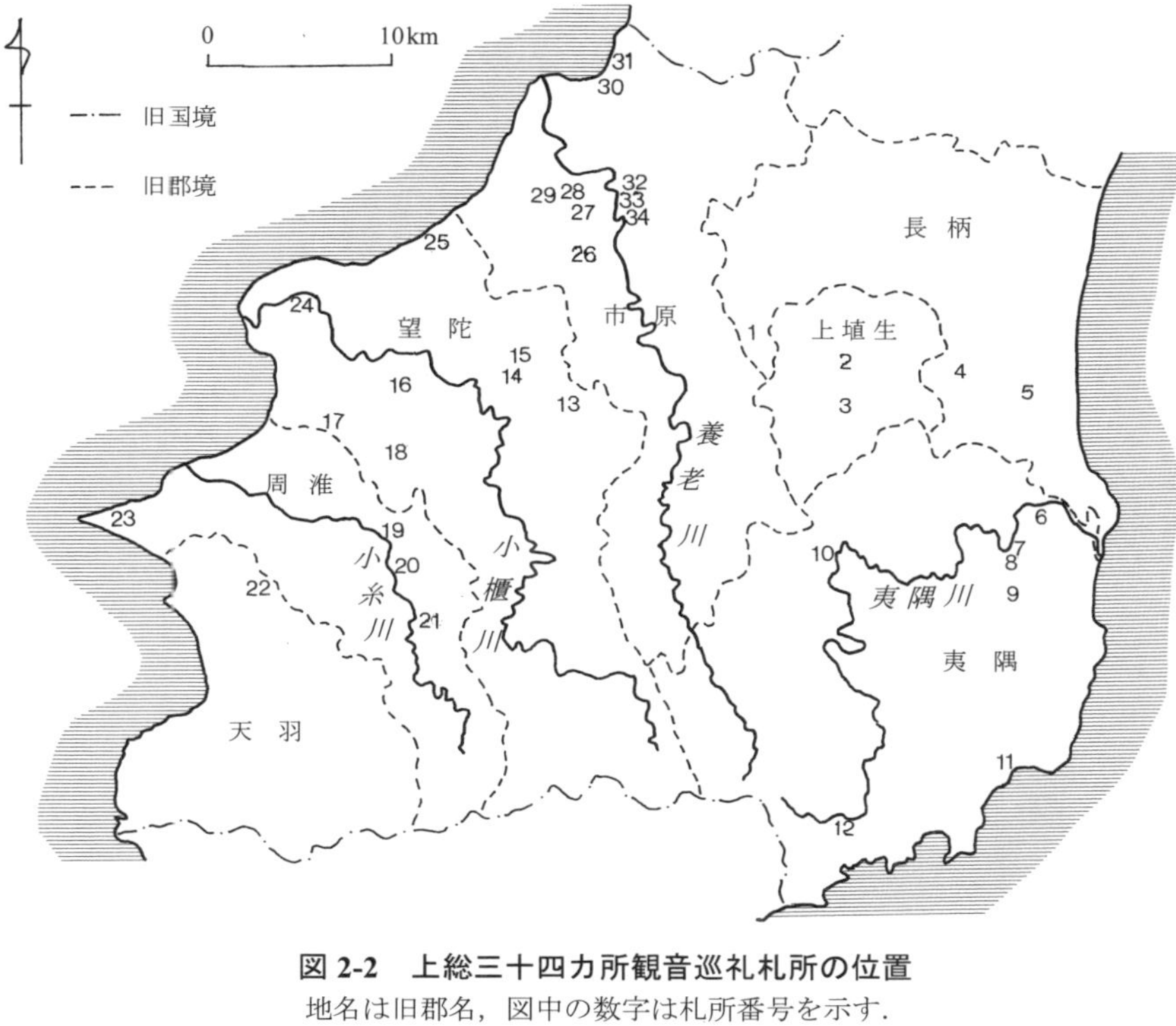

図 2-2　上総三十四カ所観音巡礼札所の位置

地名は旧郡名，図中の数字は札所番号を示す．
石川（2000）により作成．

写し霊場が重層的に形成されていたことがわかる。また、写し霊場の起点などが坂東巡礼の札所におかれているのは、より広域的な巡礼が写し霊場を権威づける役割を果たしていたものと解釈できよう。

このような地域的な写し霊場は、江戸時代を中心に日本各地に設けられており（田中智彦によれば、観音三三カ所巡礼だけで６２７を数えるという）、庶民の「めぐる」行為の活発さを物語っている。その現代版として、近年流行のアニメやドラマの「聖地巡礼」をあげることもできるだろう。また、先の「四国」や「坂東」と同様に、写し霊場に冠せられた「上総」や「伊南」といった地名も、成立時におけるそれらの地域単位の認識の存在を物語っている。あわせて、その範囲を実際に巡礼するという行為が、地域単位の認識を強化する方向に作用したことも見逃せないであろう。

（２）諸寺社への参詣

奉納絵馬の描写から

地域における寺社参詣のありようを明示する資料の一つとして、寺社に奉納される絵馬がある。絵馬は、個人が受験合格などの願いをこめて奉納する「小絵馬」と、扁額の形で長く掲げられる「大絵馬」に大別され、後者は集団によって奉納されることが多い。ここでは、社寺参詣を記念して長生地域内外の寺社に奉納された大絵馬について、その調査報告にもとづき記述する。

まず、坂東三二番の清水寺本堂（図２‐１参照、写真２‐２）には、明治期以降のものを中心とする数多くの絵馬が掲げられており、山本光正はそのうち三十数点を確認している（時期が下ると、社寺参詣の奉納物は記念写真に移行するという）。清水寺が奉納先とされた理由として、同寺が坂東札所であり、「折角奉納した絵馬を多くの人々にみてもらうことができた」点をあげている。それらの絵馬は3点の地引網漁絵馬を除くと、すべて社寺参詣にかかわるもので、内訳は善光寺参詣が26点、伊勢参宮（西国巡礼を含む）が7点、出羽三山が1点である。伊勢参宮絵馬では、１８６１（文久元）年のものが最も古く、宮島を描いたものもある。善光寺に関しては、確認された26点すべてが明治期以降のもので、奉納者の多くは現在のいすみ市域（旧、大原町および岬町）に集中している。絵馬に記された善光寺参詣者の人数は平均で約15人であり、40代以上の女性が主となって参詣がなされていたことがわかる。また26点のうち、14点で善光寺と日光東照宮、2点ではそれらに加えて横浜も描かれており、善光寺参詣の往復中にこれらの場所を訪れていたことが判明する。なお山本は、千葉市犢橋《こてはし》の例を引いて、女性の善光寺と男性の出羽三山（次章参照）参詣の講に入るための「暗黙の了解」が、「夫婦が子供を産むことがないであろう年齢、状態に至った時」で、参詣後に子どもが生まれると「大変バツが悪い」とされていたことを記している。

もう一つの例として、一宮町教育委員会による同町内の絵馬・扁額の調査報告がある。ここでは、東浪見寺《とらみじ》で13点、南宮神社で5点の絵馬が確認されている（図1-4参照）。このうち東浪見寺は、１８４８（嘉永元）年から１９１２（明治四五）年までの善光寺参詣絵馬を8点収めている（うち7点は日光を併記）。これらの絵馬の奉納者には女性の名が多く見え、清水寺の絵馬と同様に、長生地域とその周辺で女性による善光寺参詣が盛んであったことを物語っている。ほかに東浪見寺には、幕末期の

写真 2-2　清水寺（いすみ市）
2023年4月撮影.

摺針《すりはり》峠（現、彦根市）と多賀大社を描いた絵馬が各1点、同時期の「伊勢同行」による絵馬が1点みられる。また、南宮神社には、１８９６（明治二九）年の「江ノ島参詣図」と、年不明の「伊勢内宮《ないくう》並外宮《げくう》北門之図」が奉納されている。ここにあげたような参詣記念の絵馬は、その画面や墨書の内容を精査することで、奉納当時の参詣行動を浮かび上がらせる有力な手がかりになり得よう。

旅日記の記述から

とりわけ18世紀以降、庶民による巡礼や寺社参詣が活発化したことは、日本各地で広く認められる。当時の町人や村人が書き綴った旅日記は、おそらく同時代の世界を見渡してみても質量とも遜色ないと思われ、旅のありようや経路を詳細に伝える好材料である。

その長生地域における一例として、埴生《はぶ》郡上永吉《かみながよし》村の千葉家と同郡立木村の高橋家（いずれも現、茂原市：図1－4参照）に残された江戸時代の旅日記があり、その一部が『茂原の古文書史料集』として翻刻されている。その解説によれば、千葉家と高橋家はともに県内有数の豪農であったため、これらの旅日記の内容を庶民層のものとして一般化することはできないが、当時の寺社参詣の一端を示すものととらえることは許されるであろう。翻刻された旅日記はすべて19世紀のもので、日光への旅日記は両家に共通してみられる（千葉家「日光山日記覚」（１８４３・天保一四年）、高橋家「日光参詣并草津入湯道中記」（１８４７・弘化四年））。その経路をたどると、銚子から鹿島神宮・香取神宮に参拝した後、筑波山・加波山を経て日光、さらに中禅寺にいたるまではほぼ同様である。その後、千葉家の日記ではいくつかの寺社を経由しながら江戸に向かうのに対し、高橋家のものは草津温泉にまで足を延ばした後、江戸でも20日間ほど逗留している。このため、旅の所要日数も千葉家の20日間に対し、高橋家では40日ほどを要している。前項で女性による善光寺と日光の参詣が盛んであったことを紹介したが、この両日記（執筆者・同行者ともに男性）の内容を考え合わせると、関東甲信地方を範囲とする一種の「旅行圏」ないし「行楽圏」が、主に代参講という形をとりつつ、すでに19世紀に確立されていたとみることができよう（図2-3）。

上記の翻刻書には、ほかに高橋家の関西方面への旅日記（1848・弘化五年、4冊）と、両家の房州方面のもの（1853・嘉永六〜1859・安政六年、計3点：うち1点は現、君津市の鹿野《かのう》山を主目的地とする「鹿埜山日記」）、それに1857（安政四）年の大山・鎌倉・江ノ島参詣を記した千葉家の「道中日記帳」が収められており、さまざまな寺社を対象とする長短の参詣旅行が盛ん

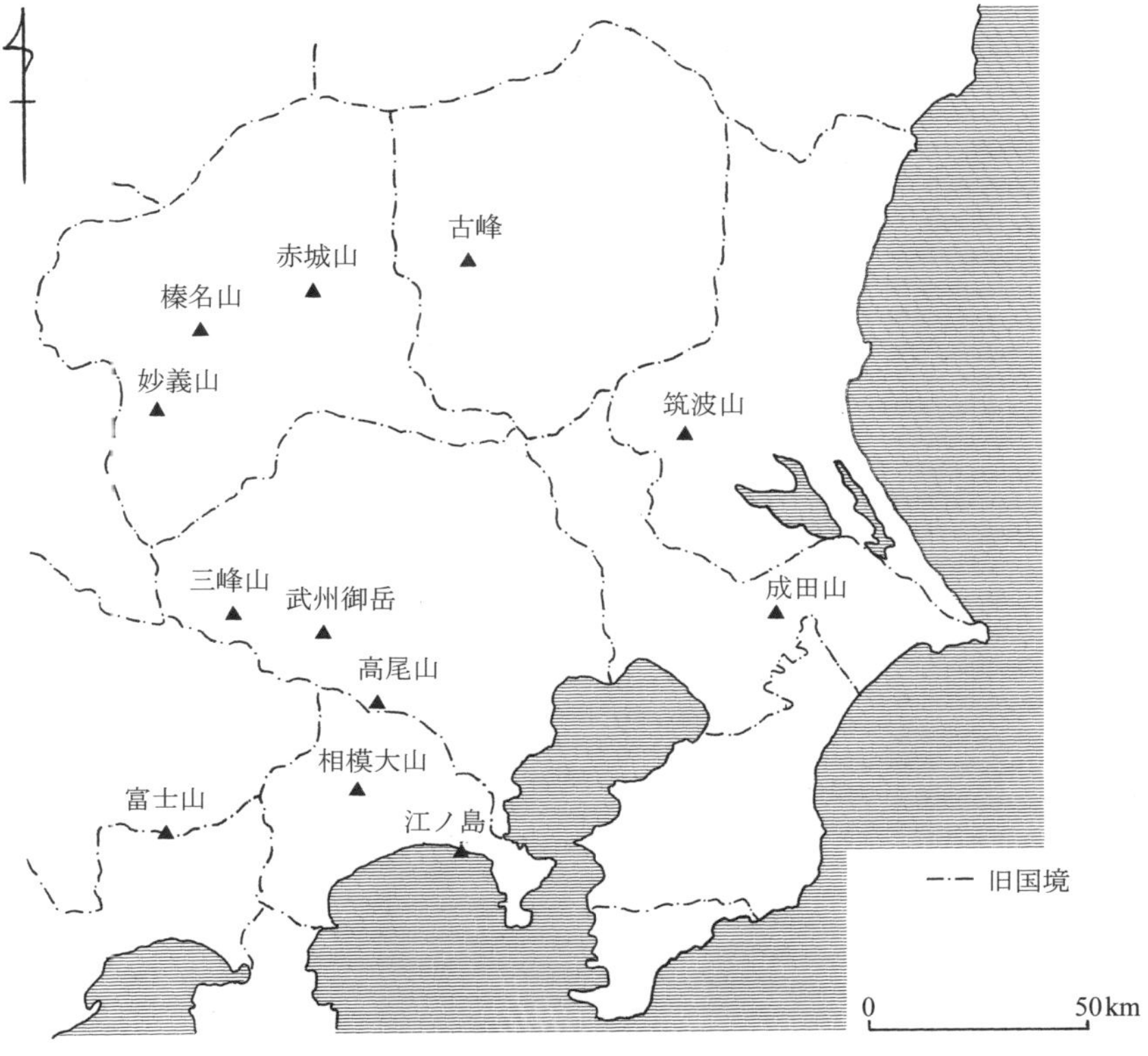

図 2-3　関東地方における主な代参講の対象地
三木（2010）を一部改変.

であったことが確認できる。ことに最後の「道中日記帳」に関しては、関東地方で広範囲にみられた大山講とのかかわりが指摘できよう。

長生地域周辺の相模大山《さがみおおやま》信仰に関しては、夷隅郡作田村《さくだ》（現、いすみ市）にある吉原家の大山講史料を菅根幸裕が分析している。作田村には、１７９２（寛政四）年から幕末まで、講金の勘定帳や旅日記など、約40点の講史料が伝来している。そのうち旅日記は11点あり、10〜12日程度の日程であったこと、帰路に多くが成田山に立ち寄っていたこと、各回10名前後の参詣者にしばしば女性が含まれていたことなどが明らかにされている。また、当初は8年おきであった参詣の間隔が徐々に短くなって１８４４（天保一五）年以降は2〜3年おきとなり、同時に物見遊山的側面が強まっていくことも示されている。同じく吉原家には、１７１８〜２６（享保三〜一一）年と１８１１〜１３（文化八〜一六）年の「入用控」も伝わっており、前者では「伊勢講」・「羽黒初穂」・「金比羅」・「大山参詣」・「鹿野山参詣」・「伊南順礼」（前節参照）、後者ではほかに「三峰勧化《みつみねかんげ》」・「お竹大日参詣」（次章参照）などの支出がみられる。これらの作田村の史料は、18〜19世紀における遠隔地信仰の展開に関する通時的な定点観測を可能にする事例として貴重である。

石造物の刻銘から

地域における諸信仰対象のありようを示すもう一つの資料として、石造物があげられる。一宮町では、町内１３８基の石造物の調査が実施され、その報告書がまとめられている。そのうち、遠方への寺社参詣にともなう石造物としては、次章で取り上げる出羽三山碑が15基で最多を数え、次が富士信仰関連の13基となる。このうち富士講ないし富士登山を記念した町内の石碑の建立はすべて明治期以降で、明治2基、大正9基、昭和2基と年代に偏りがみられる。例えば玉前神社隣の観明寺にある7基の富士講記念碑の年代は、1903（明治三六）年から1937（昭和一二）年までの間に収まっている。同様に出羽三山碑についても大正期から昭和戦前期のものが多いが、次章でふれるように1835（天保六）年建立のものも存在するなど、より幅広い年代にわたっている。また、上記報告書の解説によれば、出羽三山や富士山関連の石碑の奉納者は男性に限られ、善光寺や日光への参詣絵馬の奉納者に女性が多かったこと（前述）と好対照をなしており、男女による信仰対象の違いを示している。

町内では、出羽三山・富士山以外にも、三峰山や伊勢神宮・金比羅の参詣記念碑が確認されている。三峰山についてみると、町の石造物調査に記載されたのは1926（大正一五）年の1基のみだが、山本宣尚は丹念な調査によって町内6カ所に三峰の祠があったことを指摘している。玉前神社や南宮神社の境内にも、それぞれ近隣の三峰講が遷宮した祠が安置されており、1854（嘉永七）年と1880（明治一三）年に一宮であった火災により、火盗除《よ》けとしての三峰山が祀られるようになったと想定されている（前著において、筆者は明治期以降に三峰講が都市的な性格を強め、漁業関係者からの奉納も多くなることを指摘したが、一宮町の三峰講の事例もそうした傾向に合致する）。また、庚申塔・馬頭観音塔など、地域内の信仰を物語る石造物もある。庚申塔では、一宮町内にある7基のうち6基が江戸時代の建立であり（うち1基は明治期に再建）、早い例では観明寺境内に1696（元禄九）年のものがみられる。庚申塔の建立年代が寺社参詣関係の石造物に先行している事実は、地域における信仰対象および形態の変遷を示唆するものと考えられよう。

このように、江戸時代以降、人々は遠近さまざまな寺社に詣でたり、それらの寺社からの檀廻を受け入れたりしてきた。また参詣記念の絵馬を地元の寺社に奉納したり、石造物を建立したりするという形で、遠方の寺社への信仰が地域社会において可視化されることも珍しくなかった（各地の神社で本殿の脇や裏に見かける摂末社も、そうした可視化の例である）。次章では出羽三山信仰に焦点をあてることになるが、地域社会の側からみた場合、これまた複数の信仰対象のなかの一つであるという事実には、つねに注意を払うべきであろう。

（3）ある儒医の著述

田丸健良の略歴

本節では、長生地域の南に隣接する夷隅郡国吉《くによし》今関《いまぜき》村（現、いすみ市）に居住した医師の田丸健良《けんりょう》（1774・安永三年〜1845・弘化二年）が残した『極楽道中記』にもとづき、彼やその周囲の人々の信仰のありようを考えてみたい。それに先立ち、同書の序文や巻末に収められた彼の年譜、そのもととなった同書所収の自伝を材料として、簡単にその略歴をみていく。

幼少より「野遊に草根（漢方薬…筆者注）を喜ぶ」という健良は、長じて儒仏の経典や俳諧・漢詩に親しんだ。数え一四のときに父を亡くしたこともあって、1795（寛政七）年には江戸で医学を学び、その後は郷里で診療に従事した。1815（文化一二）年に名主となるが1年で退役し、浄土宗の名僧として知られた徳本《とくほん》行者（紀伊国出身である）の説法を江戸で聴聞（1817・文化一四年および1818・文政元年）してからは、「医を業として詩文を嗜み、念仏三昧に徹した道義生活」を送った。1832（天保三）年に隠居し、その翌年には地誌書の『房総志料続篇』（『房総叢書六』所収）を脱稿した。この間、地元で「徳本念仏講」を催したほか、上総巡礼や安房《あわ》国札順礼（三四カ所）、善光寺参詣など盛んに寺社参りを行っている。

翻刻されている『極楽道中記』は、1823（文政六）年の「巻之五」から始まっており、途中欠落がありつつ、死の前年となる1844（天保一五）年の「巻之二四」までが含まれている。その内容は日誌の体裁をとった「翁の道歌集と見做す可き」著作であり、毎日必ず「南無阿弥陀仏」の唱名から記録が始められる（数日にわたり日付と「南無阿弥陀仏」とだけ書かれていることも珍しくない）。これについて翻刻者の鶴岡節雄《ときお》は、「これは一見無意味のように見えて実はそうではなく、ここにこそ『極楽道中記』の真髄があった」といい、「われ、ひと、ともに歩む極楽浄土へのひたすらな信仰記録であった」と記している。と同時に、この記録は、年月日が明確に記された日誌という形ゆえ、以下でみていくように「期せずして貴重な郷土資料」にもなっている。なお、翻刻書に併収された『西方紀行』は同時期の健良による漢詩集であり、それらの事績から、彼のことを当時の村落部に在住していた篤信の知識人の一典型であり、江戸時代における浄土真宗の在家篤信者をさす妙好人《みようこうにん》に近しい存在だったと評しても、あながち的外れではないだろう。

遠方寺社への参詣

『極楽道中記』に見える遠方への寺社参詣としては、まず伊勢参宮があげられる。すでに健良自身、数え一七歳の1790（寛政二）年に伊勢参宮を果たしており、1833（天保四）年には村内の5名が参宮に出かけたと記している。また、村での相模大山参詣についても何度か記述があり、1826（文政九）年の大山参詣発足時に、「土地の習にて伊勢大山諸山参詣に出れハ、かとにて注連をはるせ」、「発足前ニしめをはり置、注連をくぐりて出るなり」（以下、同書引用の読点・ふりがなは筆者による）という風習があったことを伝えている。この大山参詣の出発日は六月二七日で、１８３３（天保四）年が七月一日、１８４３（天保一四）年が六月二五日（帰着は七月八日）となっており、大山の山開き（六月二七日）に合わせて出立していたことがわかる。なお、１８４３年の参詣者は喜三郎・おくめ・おせきの３名であり、おせきは１８０５（文化二）年に生まれた健良の次女である。地誌書の『房総志料続篇』は、長柄郡上之郷《かみのごう》村（現、睦沢《むつざわ》町）の不動堂に関し、「大山の不動明王と同木同作なり」と伝えている。この「同木同作」の説は安房国長狭《ながさ》郡平塚村（現、鴨川市）にある大山不動も同様であり、こちらは相模大山に擬して尊崇され、「降雨《ふりう》踊」を行っていた（この踊りは現存する）。

　これに対し、雨乞いの必要がある際に特別に参詣していたとみられるのが榛名山《はるなさん》である。１８２６（文政九）年は六月に「此節村々雨乞」の状況となり、健良は「水わろき　土地に住居て　雨を乞う　貪嗔恚《とんしんに》の　報なるべし」と詠んでいる。その後、「榛名山霊光を乞」うたところ、「夕立時々来り、廿一日より昼夜念仏能雨降結願」となった。また、１８３４（天保五）年には六月四日の雨の後、八日から「全晴」となったため、七月一一日に「榛名山御池水到来」したものの、なかなか雨とならずに健良も体調を崩し、同二七日に「五十日にして漸々能雨」が降り、「夕立や　草木もわれも　ともともに　よみかへりたり　心地こそすれ」と安堵した様子を記している。

　このほか、健良個人としては、葛飾郡本行徳《ぎょうとく》村（現、市川市）の徳願寺（浄土宗）を毎年のように訪れており、１８３０（文政一三）年には徳願寺の即往から徳本行者の肖像を贈られている（なお、徳願寺は即往など夷隅郡出身の僧によって中興されたという）。また、健良はそうした機会に江戸の諸寺社に参詣し、京都の嵯峨清涼寺（１８３６・天保七年）、紀伊国加太《かだ》の淡島《あわしま》大明神（１８３８・天保九年）など、江戸での出開帳（この二例は現、墨田区の両国回向院《えこういん》）にも詣でている。こうした開帳が房総半島を訪れることもあり、１８３３（天保四）年には夷隅郡釈迦谷《しゃかやつ》村（現、いすみ市）の釈迦谷寺での「羽州秋田弘法大師（不詳…筆者注）順行開帳」に「一寸参詣」している。このほか、『房総志料続篇』には、夷隅郡大上《おおがみ》村（現、睦沢町：図１-４参照）の普門寺で、１７８１（天明元）年に信州善光寺如来の開帳があり、８歳の健良も参詣したが「如来の尊像はよく覚えず」、「かるわざを見て少し覚え」ていると記している。

近隣寺社への参詣

田丸健良の墓は国吉今関村の南に隣接する深谷村の天台宗円蔵寺（現、円蔵律寺）にあり（写真２-３）、当然のことながらこの寺名や「円蔵寺念仏」の記載は頻出する。また、また、『日本九峰《きゅうほう》修行日記』の野田泉光院（前章参照）が参詣した埴生郡千田《せんだ》村の称念寺の名もたびたびみられる。健良の『房総志料続篇』によれば、同寺本尊の阿弥陀如来は「解願微笑の相」ゆえに、「歯吹如来」とよばれ、「長柄郡一の宮海人の網」にかかり、「海中出現仏の足下に蛤蜊《こうり》を着」していたという（同書所載の称念寺縁起には、歯吹如来は「東浪見《とらみ》の鳴山《なるやま》と云ふ処へ舟に召されて着し」、「其船板にて観音の像を彫刻し」、「開帳に出づる時は、これを守り申す也」とある）。『極楽道中記』には、１８２３（文政六）年にこの称念寺の「龍宮出現歯吹如来」が国吉苅谷《くによしかりや》村（現、いすみ市）の宝勝院、ついで岩和田《いわわだ》村の大福寺で開帳し、健良は宝勝院の開帳に全５日参詣している。なお健良は、この歯吹如来が１７３４（享保一九）年に両国回向院で出開帳を行っていたことも書き留めている。海中出現

写真 2-3　円蔵律寺境内の徳本名号塔（いすみ市）

同寺には田丸健良の墓もある．2023 年 4 月撮影．

の仏像としては、ほかにも夷隅郡小浜村《こばま》（現、いすみ市）にある大聖寺の不動明王像（波切不動と称される）に関し、「むかしおたんと云婦人うみへもく（藻…筆者注）とりに行けるが、もくの中より不動の尊像出、これを負ふて海よりあがりける」という由緒の存在を伝えている（１８４３・天保一四年）。

本書で主な対象地域とする一宮町域に関しては、１８２４（文政七）年に東浪見寺の軍荼利《ぐんだり》明王（第１章参照）の開帳に詣で、別堂にあった阿弥陀三尊像とかけて、「軍荼利と　おもては夜叉に　見せかけて　内はやっぱり　弥陀の三尊」と記している。１８３０（文政一三）年二月には、観明寺経堂の涅槃会《ねはんえ》に赴いたことが『西方紀行』所収の詩題からうかがえる（『房総志料続篇』にはこの涅槃会が「きやういり（経納）まち」とよばれ、参詣者が経文がおされた紙を買って経堂の井中に納めたとある）。玉前神社の十二社祭関係では、１８３８（天保九）年八月一二日の項に「北山田三之宮福大権現祭礼前おみすりあり」と北山田村三宮神社（前章参照）の御潄祭《おみすり》についての記載があり、健良はおみすりを「御身磨」ではないかと考察している。また、一宮本郷村の東福寺にある俵薬師は、寛文年間（１６６１〜７３）に「米苞数十波間に漂」を見た漁夫が渚に近づいた一苞をとってみたところ、「小仏の薬師の像、幾といふ事を知らず」、寺の什器にしたものという。これについて『房総志料続篇』では、「土気《とけ》（現、千葉市）の村民盡く日蓮派になりし頃、海中に投ぜしもの成べし」と、「七里法華」（前章参照）とのかかわりを推定している（なお、この俵薬師に関する記述は、先行する『房総志料』（後述）からの引用）。

『極楽道中記』にもう一つ多く登場する寺名が坂東巡礼札所の清水寺であり、同寺がこの一帯における信仰の核となっていたことを垣間見せている。清水寺の本堂は１８１７（文化一四）年に造立されたもので、それまでの六間四面を八間四面に拡張した（『房総志料続篇』）ことからも、当時の隆盛ぶりがしのばれる（なお、同年の『日本九峰修行日記』によれば、前年の１８１６・文化一三年に清水寺は焼失し、野田泉光院の参詣時は「今仮り堂にて、仁王門のみ残れり」となっていた）。清水寺では念仏講が催されており、1823（文政六）年には二月二二日に「念仏終りて皆々帰るに遇ふ」て、「世の中の　祭りのあとは　何もなし　念仏のあとは　南無阿弥陀仏」と詠っている。この年は五月二二日にも、「清水念仏講は八方より集来る人なれば念仏もそろはず」という記述がある。「正月になりていまた清水へ参詣せず」として詣でたり（1833・天保四年一月二九日）、縁日前日に手持ちの賽銭が少ないが「銭すくなきとて参られぬと云事もあるまじ」として「半は信心半は納涼」で参詣したり（1834・天保五年六月一六日）と、同寺が健良にとってきわめて身近であったことが読みとれる。1832（天保三）年の開帳時には三月二日から四月七日の間に8度参詣しており、直後の四月一一日にも参って「開帳の　終へたるあとに　たたひとり　念仏もふせば　心涼しき」と心中を語っている。次の開帳となった1844（天保一五）年三月にも4度参詣しており、「開帳を　また拝むべき　年もなし　けふこそ娑婆の名残なるらん」という歌を載せる同二九日をもって、『極楽道中記』の記事は終わっている。

郷土に対するまなざし

上記のほか、健良の筆は郷土のさまざまなできごとにも及んでいる。1832（天保三）年一二月には太東崎《たいとうざき》周辺で「漁舟破れ溺死の人多く、船百四十艘ほど行末しれすと申」暴風雨があり、1838（天保九）年の地震時には「東浪見へ鰯の煮汁（肥料であろう…筆者注）を買に参りたるものから馬にて帰ル、古屋二軒つぶれ、川水増したりと」と聞いている。同年一二月三日には「今年ハ南総の海都て大猟にて金銭湧か如し」というなか、「漁猟すくなしとて僧を頼みて祈祷する」こともあり、「僧にハ似合ぬことなれとも土地の習ハしなれハ是非なし」と殺生戒との相克をえがいている。健良はこの朝に「たてむしろつけたる馬凡百匹余り」を見かけ、「これもまた大猟ありて経筵（鰯を干す際に使用…筆者注）の直《ね》の高からん事を願へは、殺生業の裔《すえ》わけともいふべし」と地域における漁業の存在の大きさを思い、「我等かく辺鄙の海辺に生れ出たハ、定る宿業の拙き故なるべし」と述べたうえで、「今の世に　罪なき人は　稀ならん　余さず洩さす　南無阿弥陀仏」と祈っている。

　このように健良が身近な郷土のできごとや旧跡に関する著述を残した背景については、その『房総志料続篇』の「序」からうかがい知ることができる。はじめに「灯台もと暗し」の諺を引いた後、「世の人遠く名勝を尋ぬるもの多しと雖も、近く旧跡を探るもの鮮し」と述べ、「不幸にして早く父を喪ひ、祖父の膝下にありて昔語りを聞けり。これを子孫に語り聞かせんとするに、我日既に西に傾けり」と執筆の動機を語っている。執筆に際しては、夷隅郡長者町《ちょうじやまち》（臼井村：現、いすみ市：図1－4参照）の中村国香《くにか》が1716（宝暦一二）年の巡歴をもとに編み、滝沢馬琴《ばきん》が『南総里見八犬伝』執筆時に参考文献とした『房総志料』（『房総叢書六』所収）にもとづき、それを編纂・増補する形をとっている。健良は、「若し、これを続《つ》ぐ人あらば、房総の古跡いよいよ明かならん。我隣里郷党の志ある人々、神社に参りては正直に返らん事を祈り、仏閣に詣でては慈悲に赴かん事を願ひ、旧跡に到りては今世の無常を悟りて後世を営むべし」と希望し、「我別に遺すべき物なし。是即遺言なり」と結んでいる。実際、彼が残した『房総志料続篇』や『極楽道中記』の内容は、房総の歴史や地理をひもとく後代の私たちに、汲めど尽きせぬ好個の材料を提供してくれている。

第3章

出羽三山信仰と地域

写真 3-1　南蔵院境内の三山碑
（東京都板橋区）
2016 年 12 月撮影.

（1）出羽三山と関東地方

出羽三山

出羽三山《でわさんざん》は、山形県のほぼ中央部に位置する月山《がっさん》（標高1984m）・湯殿山《ゆどのさん》（同1500m）・羽黒山《はぐろさん》（同414m）の総称である。古くから熊野三山に比肩する霊山として知られ、鎌倉時代から室町時代にかけては、羽黒山が熊野・英彦山《ひこさん》と並ぶ日本三霊場の一つとして、東日本三三カ国の総鎮守と称せられた。当時、霊山としての羽黒山や、そこで修行する山伏の知名度は高く、これらは軍記物語や謡曲・狂言の諸作品にしばしば現れる。例えば『平家物語』巻第五の「文学《もんがく》（覚）荒行」には、源頼朝の挙兵を促したとされる文覚が修行した場所が、「那智に千日こもり、大峰三度、葛城《かづらき》二度、高野・粉河・金峰山《きんぶぜん》・白山・立山・富士の嵩《だけ》・伊豆・箱根・信乃《しなの》の戸隠・出羽の羽黒、すべて日本国残る所なく、おこなひまはッて」と列挙される。また、『太平記』巻第二七の「雲景未来記《うんけいみらいき》の事」は、羽黒山から都に出てきた雲景という山伏が、愛宕山《あたご》の老僧との問答の内容を熊野の牛王《ごおう》の裏に書きつけて上奏するという一節である。狂言では、「蟹山伏」・「柿山伏」・「禰宜山伏」・「蝸牛」といった山伏狂言の作品に、「出羽の羽黒山より出でたる、駆出《かけで》の山伏」が登場し、謡曲でも「刀」・「野守《のもり》」といった作品に羽黒山伏が登場する。

江戸時代に入ると、出羽三山の信仰圏のうち、東北地方を「霞場」、関東地方を「檀那場」とよんで、これらの範囲から多くの登拝者を集めるようになり、三山を取り囲んで「八方七口」とよばれる登山口と御師《おし》集落が形成された。この御師集落や信仰圏については、歴史地理学の立場から岩鼻通明《みちあき》による一連の研究が行われており、天台系の羽黒山と真言系の湯殿山が競合しながら、全体としての出羽三山信仰が各地に展開していった。江戸時代の湯殿山をめぐっては、即身仏に対する信仰（次章に後述）がみられることも一つの大きな特徴となっている。東日本各地の湯殿山修験のありようを追究している山澤学によれば、とりわけ18世紀中期以降における出羽三山参詣の盛行は、檀那の争奪をともないつつ、羽黒・湯殿両山の性格の違いを明確化させる方向に作用したという。明治維新時の神仏分離・廃仏毀釈によって出羽三山では神道化が進められたが、今なお神仏習合的な性格も残されている。千葉県内における神仏分離期の出羽三山信仰と相模大山《さがみおおやま》信仰を比較研究した菅根幸裕は、より徹底した神道化をめざした大山の檀那場がこの時期に激減したのに対し、後述するように在地の民俗として定着していた出羽三山信仰はあまり形態を変えることなく継続されたとしている。

出羽三山の参詣記録として名高いものに、松尾芭蕉の『おくのほそ道』がある。1689（元禄二）年に東北地方を旅した芭蕉は、松島や平泉・立石寺《りっしゃくじ》（山寺）を訪ねた後、最上《もがみ》川を下って（「五月雨を　あつめて早し　最上川」）羽黒山に登った。羽黒山では本坊で俳諧興行を催し（「有難や　雪をかほらす　南谷」）、羽黒山・月山・湯殿山の順で登拝を行っている。その項の末尾には、「涼しさやほの三か月の羽黒山」、「雲の峰　幾つ崩て　月の山」、「語られぬ　湯殿にぬらす　袂かな」という三山を詠んだ句が収められている。なお月山登拝時には「木綿《ゆふ》しめ身に引かけ、宝冠に頭を包」という修験姿であり、同行の河合曾良による『曾良旅日記』にも登拝前に「昼迄断食シテ註連《しめ》（注連）カク」と潔斎を行った記述が残されている。また、前章でみた十返舎《じっぺんしゃ》一九の『方言《むだ》修行金草鞋《かねのわらじ》』も、第二〇編で羽黒山の紀行を取り上げており、芭蕉をふまえたと思われる「心迄　涼しくなりぬ　尊とさは　木々の羽黒の山の神風」、「煩悩の　雲もたちまち　はれ渡る　月のお山の　影ぞたうたき」などの狂歌が織り込まれている。

現在の山形県上山《かみのやま》市に生まれた斎藤茂吉は、１８９６（明治二九）年、数え15歳のときにその父に連れられて湯殿山への「初詣」を行った（『念珠集』）。「それまでに幾度となく湯殿山に参詣し道中自慢であった」父とともに、水垢離《みずごり》をとったり殺生を避けたりして参詣の準備をし、山道では「六根《ろっこん》清浄《しょうじょう》御山《おやま》繁盛《はんじょう》」と唱えて行く先達を頼りに、湯殿山での「「初まいり」の願を遂げた」。長じて茂吉はその息子の斎藤茂太《しげた》が15歳になったときに月山・湯殿山参詣に連れて行っており、茂太もその子どもたちを連れて行っている。主に出羽三山に近い地域で行われていた成人儀礼としての参詣が、家族のなかで連綿と受け継がれていたことになる。

関東地方の出羽三山信仰

延享年間（１７４４～４８年）の表に基づく「羽黒派末寺并修験院跡大数取調帳」（年不明、『日本大蔵経』所収）では、羽黒修験の西限が伊勢国となっており、おおよそ東日本が出羽三山の信仰圏だったことを裏づけている。この取調帳によると、関東地方の羽黒派修験は、武蔵《むさし》および江戸府内に３７１、上野《こうずけ》・下野《しもつけ》・上総《かずさ》・下総《しもうさ》・信濃《しなの》・常陸《ひたち》・安房《あわ》・相模《さがみ》・遠江《とおとうみ》の9カ国に１０１６あった。このうち江戸には、関東地方の羽黒派修験を統括するために、17世紀中期に十老僧（「江戸十老」・「行人頭」ともよばれる）という役僧がおかれた。

江戸および近郊の各所では、さまざまな形で出羽三山が信仰されていた。とりわけ江戸における出羽三山信仰の浸透に大きな役割を果たしたのが、「お竹大日如来」にまつわる言説である。これは、元和・寛永年間（１６１５～４４年）に江戸大伝馬町《おおでんまちょう》（現、中央区）の大店で女中奉公をしていたお竹が大日如来の化身であったとするもので、１６６６（寛文六）年にはその大店の店主が施主となって羽黒山 正《しょう》善院《ぜんいん》に於竹大日堂が建立された。この縁起は羽黒山の山伏によって広く喧伝され、お竹大日如来の江戸出開帳も幕末までに4度行われた。ほかに、１８２１（文政四）年に「湯殿山大権現大日如来」が別当の注連寺《ちゅうれんじ》によって江戸で出開帳されたことも、複数の史料によって確認されている。また、喜田川守貞《もりさだ》の『近世風俗志』は、天正年間（１５７３〜９２年）に武蔵国橘樹《たちばな》郡中丸子《なかまりこ》村（現、川崎市）へ勧《かん》請《じょう》された羽黒権現にまつわる話を収めている。それは、小歌の三蔵という会津出身の馬方が「中風を病み歯落足なへて非人」となっていたところ、この羽黒権現に祈ると霊験あってたちまち歯も足も回復し、三蔵は同社に奉仕して神符を授け、「江戸及び近郷の諸人群詣せし」が、１６５７（明暦三）年の江戸大火後は参詣人が絶えたというものである。『江戸名所図会《ずえ》』も同様の逸話を載せ、「当社を己《おの》が栖《すみか》」としていた三蔵が１６５４（承応三）年に訪れたある山伏の勧めに従って出家し珍海と号したところ、翌年に「病全快することを得た」という。

さらに、同じ『江戸名所図会』によれば１７７２（明和九）年の大火で知られる下目黒町（現、目黒区）の行人坂の名称は、寛永年間（１６２４〜４４年）に湯殿山行者が大日如来の堂を建立して大円寺《だいえんじ》と号したことによるという。ちなみに、同年間の常陸国南部における石造の大日像や大日三尊像の造立には湯殿山信仰とのかかわりが想定されており、１６２４（寛永元）年に湯殿山が日光に勧請された影響のほか、大円寺が信仰伝播の拠点となっていたという宮島潤子の指摘もある。つまり、江戸は、出羽三山信仰が関東地方各地に広まっていく際の中継地でもあったことになる。武蔵国豊島郡蓮沼村（現、板橋区）の中山道沿いにある南蔵院境内に１７７７（安永六）年や１８０４（文化元）年の出羽三山碑が残されている（章扉の写真３‐１）のも、そうした街道の結節性が作用したものととらえ得よう。『江戸名所図会』には、中山道の戸田渡近くにあった同国足立郡上戸田村（現、戸田市）の羽黒権現社と、その境内の椋の木から湧き出る「羽黒霊泉」の絵（図3‐1）も収め、「これを病ある者に服飲せしむるに験《しるし》ありとて、近頃すこぶる賑はへり」と記している。『新編武蔵風土記《ふどき》稿《こう》』によると、この羽黒社は1450（宝徳二）年に出羽から「羽黒山を擬して勧請され」、社地を「塚の如く築立」て「羽黒塚」とよばれていた。ここでは榎から出るという霊泉については、「権現の供水なりとて、乳なき婦人或は病にかゝる人用ひて霊験を得るにより、近郷のもの乞て持帰るもの多し」とある。

この事例は、先の中丸子村とともに、江戸近郊の羽黒社が病気治癒という流行神《はやりがみ》的要素をもっていたことを示している。なお、上戸田村の羽黒社境内には、1824（文政七）年に「涼しさや　ほの三か月の　羽黒山」の芭蕉句碑が建てられた（現在はこの羽黒社を合祀した氷川神社にある）。

図 3-1　「戸田羽黒霊泉」

『江戸名所図会』巻4より引用.

出羽三山と房総半島

房総半島は、関東地方のなかでもとりわけ出羽三山信仰が盛んな地域として知られる。例えば岩鼻による三山碑の都道府県別集計では、千葉県は山形県に次ぐ第2位（128基）となっており、その濃密な分布が示されている。同様の集計を行った西海《にしがい》賢二も、千葉県内で502基の三山碑を確認しており、これは岩手・宮城・秋田・茨城・埼玉・千葉・東京・神奈川の総計1434基の3分の1以上に相当する。さらに、関東地方の出羽三山信仰を概観した岡倉捷郎《かつろう》は、千葉県におけるその分布範囲の広さと継続性について指摘し、上総国・安房国では山間部よりも沿岸周辺の低地帯に三山碑の分布が著しいとしている。また、千葉県北西部に位置する八千代市の石造物調査では、出羽三山塔が168基確認されており、富士（50基）、伊勢（32基）、大山（19基）などを数において圧倒している。三山塔のうち約100基は昭和期のもので、最近まで出羽三山信仰が隆盛を誇ったことをしのばせる。他方、同県北西端の野田市域では、18世紀以前の出羽三山系の行人墓が確認できる一方で、出羽三山単独の巡拝塔は6基（うち講によるものは2基）にとどまり、同市域で富士講や木曽御岳講が盛んなことと対照をなしている。ただし、同市域では、出羽三山参拝と西国・坂東・秩父《ちちぶ》の百観音巡礼を兼ねた「三山・百番塔」や、これに四国遍路を加えた三山・一八八カ所供養塔が19世紀に入る頃から現れ（計62基）、百観音巡礼などの仕上げとして出羽三山に登拝するようになったという（石田年子）。

千葉県域におけるかつての出羽三山信仰の一証左としてよく引かれるのが、『江戸名所図会』中にある天道《てんとう》念仏の記述である。これは、下総国葛飾郡船橋村（現、船橋市）一帯の寺社境内にて毎年二月に行われる行事で、まず堂前に土で壇を築き、本尊の大日如来を取り囲むように諸仏天を表す48本の御幣《みてぐら》を立て、四隅に梵天《ぼんてん》と称する高い竹柱を配する。そして、浄衣《じょうえ》を着した「詰衆《つめしゅ》」が「三宝諸尊の御号《みな》を称《とな》へて敬礼《きょうれい》し、六根懺悔《ろっこんざんげ》の文《もん》を唱ふ。またその間には弥陀の称号を唱へ、鉦《かね》・太鼓を打ち鳴らして、梵天の四方を右繞《うぎょう》すること数回《あまたたび》、昼夜に間断なし」という様子が、挿絵（図3‐2）入りで描写されている。この行事の由来については、「往古《そのかみ》弘法大師、出羽国湯殿山をはじめて踏み分けたまひし頃、同国山形の東南天道《てんどう》村といふ地において、これを開闢《かいびゃく》したまふを興基として、こは五穀成就のための行ひごとなりといひならはせり」と、出羽三山信仰との関連を伝えている。ついでながら、五穀成就や村中安全を太陽に祈る天道念仏の行事自体は、千葉県をはじめ、茨城県・群馬県・福島県などに分布がみられる。

房総半島の出羽三山信仰については、すでに諸先学による多くの研究蓄積があり、早くから事例集落における出羽三山信仰と年齢層との関係が注目された。例えば千葉郡誉田《ほんだ》村平山（現、千葉市）では、出羽三山参詣（「奥州参り」）を果たした人を行人《ぎょうにん》とよび、「行人でない老人は、一人前の老人として、この村社会で活躍するには肩身が狭いことに」なり、青年層の伊勢参詣や40歳以上の婦人の秩父巡礼と合わせ、寺社参詣と「社会的権威附け」が関連していた。また千葉市千葉寺町においても、出羽三山信仰は老人へのイニシエーションであり、行人の葬儀へのかかわりなどから、行人になることは「自分が死ぬときの用意」であった。これらの研究をうけて、千葉県各地で綿密な現地調査に基づく報告等が著されるようになり、とりわけ前述の『江戸名所図会』をうける形で、出羽三山講による天道念仏や梵天《ぼんでん》立ての行事に主として焦点があてられてきた。

こうした千葉県下における出羽三山信仰の諸事例をまとめた宮本袈裟雄《けさお》によれば、三山講・奥州講・八日《ようか》講などとよばれる県内の出羽三山講では、登拝者が行仲間となる「同行仲間型」（参詣講（「はじめ

図 3-2　「船橋駅天道念仏踊之図」
『江戸名所図会』巻 7 より引用.

に」参照）のうち、代表が順番に参詣する「代参型」と対比される）が一般的形態である。そのなかでも出羽三山信仰が盛んな地区では、新行人が先輩の組織している講に加わる形をとり、行人による行事の一部が村落全体の重要な行事になっていたり、講として村落の行事に重要な役割を担ったりしている場合が少なくない。一方、安房地域を中心に房総半島各地の出羽三山信仰の諸相を数多く報告している対馬郁夫は、市原《いちはら》市における三山碑の分布図にふれるなかで、出羽三山信仰受容の地域性に関して、海岸寄りの平野部周辺への集中と、山間部の稀薄性について指摘しており、その理由を漁村・農村の経済的基盤および生活環境の相違や交通の便、真言宗と日蓮宗の分布などに求めている。ことに、「多くの漁業集落は、（中略）米作を本位とした農村と比較した時に、製塩・魚貝類・上総海苔などによって漁民生活は潤い、さらに後背農村部よりの米・木炭・材木・竹等が五大力船その他の船運によって、江戸・相模方面に出荷される等雑収入に恵まれていたことが想定される」との記述は、信仰の地域的基盤を考えるうえで示唆に富む。

千葉県各地の自治体史においても、出羽三山信仰はさまざまな形で取り上げられてきた。２０１１（平成二三）年には、千葉県中央博物館にて「出羽三山と山伏」展が開催され、千葉県各地の出羽三山信仰が広く紹介された。同展示時には県内33地区の出羽三山講が製作する梵天が収集され、その使用場面は奥州参り・行・葬儀・梵天供養の四つに整理された。一番目は出羽三山参詣前の精進潔斎（「前行」とよばれる）時、二番目は行人の定期的な信仰集会時（梵天は集落の各所に立てられる）、三番目は行人の葬儀時、四番目は十数年ないし数十年おきに行人集団を中心に盛大に行われる行事（梵天供養時にそれぞれ作られるもので、梵天は行人の霊の依《よ》り代《しろ》となっていた。君津市豊田《とよだ》地区の行人は、「子供の頃自分が見ていた行人は、神様のような存在で立派な人だと思っていた。その行人が作った梵天は、一部でも落ちていたものを踏んでしまうと足が曲がると言われており、絶対に踏んではいけないと思っていた」と語っており（高畑友香《ゆか》による）、地域社会における行人や梵天の神聖視をうかがわせる。

以上のように調査研究が進められるなかで、房総半島各地で出羽三山信仰が浸透していったおおよその年代についても把握できるようになってきた。現在のところ、出羽三山信仰に関する千葉県内最古の石造物は１６３０（寛永七）年の市原郡青柳《あおやぎ》村（現、市原市）の供養塔とされ、葛飾郡柏村（現、柏市）の羽黒神社（柏神社）は万治年間（１６５８〜６１年）の創建を伝えている。また同県下で登拝の最も早い記録は１６２８（寛永五）年の海上《かいじょう》郡岩井村（現、旭市）からのもので、元禄年間（１６８８〜１７０４年）頃より各地からの継続的な参詣がみられるようになる。千葉県内における三山碑の願主人数を分析した立野　晃によれば、少数の篤信者のものであった出羽三山信仰が18世紀中期に「村ぐるみ信仰」へと変化していったという。地域的傾向としては、参詣講の組織化は北総地域に始まり、そこから南の西上総地域や北西・北東方向に広まっていったとされる。なお、江戸時代のいわゆる村方三役が檀家総代と重複するのに対し、行人とはほとんど重複しなかったとする菅根の指摘は、地域における出羽三山信仰の意義の一端を示唆するものであろう。

西上総の出羽三山信仰

前項の千葉県中央博物館の展示と時を同じくして、『房総の出羽三山信仰』と題する映像記録とその解説書が発行された。同記録では、市原市上高根（旧、市原郡上高根村）と木更津《きさらづ》市中島（同、望陀《もうだ》郡中島村）の二地区における出羽三山信仰が紹介されており、以下にその概略を述べる。

上高根は市原市の内陸部、養老川の左岸に位置する。羽黒山宿坊の西蔵坊所蔵「関東檀那場御祈祷帳」によれば、１６８１（天和元）年の19名から、１９８３（昭和五八）年の38名まで81回、延べ８９３名の登拝者を数え、この人数は同史料所収の千葉県内の町村中最多である。行人の集団である敬愛講では、毎月8日を八日講として行屋に集まっている。地区内の「オツカ（供養塚）」には10基の三山塔があり、新行の行人は出羽三山登拝時に授与された腰梵天（木剣）をここに納めることで正式な行人となる（その後、行人たちは近隣の行屋を巡る八社参りを行う）。地区の節分会では「上高根敬愛講社」の朱印をおした札を講員宅に配っているほか、かつては2月の寒行と7月の土用行で一部の講員が水垢離をとっていた。行人が亡くなった際には、葬式梵天や供え物（霊供《れいく》という）を準備し、宝冠と行衣をつけて神として送り出す。これは、行人の場合、三三年忌をまたず直ちに祖霊神になるとの理由による。なお、上記解説書が収める上高根の行屋についての記述では、中世末期に成立した墓地の使われ方が18世紀末に大きく変わったことが行屋の成立にかかわると推測されている。

もう一方の中島は、小櫃《おびつ》川右岸、東京湾に面し、現在は東京湾アクアラインの木更津金田インターチェンジの所在地である。同地区では、江戸時代にはバカ貝漁や地引網漁が行われ、明治期以降は海苔養殖が確立するなど、半農半漁の生活が営まれてきた。同じく「関東檀那場御祈祷帳」では、１６８８（元禄元）年から１８１４（文化一一）年までの間に中島村から28回、延べ１９６名の登拝者がいるが、それ以降は記録が途絶えており、宿坊の移動が想定されている。上記の解説書によれば、江戸時代の中島村には月照院という修験寺があって出羽三山にも里先達としてたびたび登拝していたが、明治維新後に廃寺となり、そこにあった１６６７（寛文七）年鋳造の大日如来像（「湯殿山」の刻を有する）は、やがて現在の中島敬愛講（会）の行屋に移されたという。この中島の三山講でとりわけ海とのかかわりを示す行事に、1月7日の梵天立てがある。これは、行人（老人）が準備した梵天をワカイシュ（若者）が海中に立て、海上安全や魚介海苔豊穣などを祈るもので、漁村と三山信仰の関連や、年齢層による役割分担の様相を知ることができる。このほかにも行人は、集落内にある愛宕の祭礼や水神祭、土用行(施餓鬼《せがき》)や正月の御幣配りなど、三山信仰にとどまらず、広く「ムラの祈祷師」役を担っている。

また『市原市史』では、市内に残された出羽三山への道中記のうち7点について、その旅程を紹介している。このうち最古のものは同市栢橋《かやはし》(旧、市原郡萱橋村)の「湯殿山道中記」(１８３３・天保四年)で、そこではまず秩父で観音札所《ふだしょ》巡礼および三峰《みつみね》山参詣を行い、善光寺・戸隠《とがくし》山に参ってから日本海側を北上して出羽三山を登拝し、帰路では日光中禅寺《ちゅうぜんじ》に立ち寄る三七日間の旅となっている。明治期に入ってからの道中記では成田山や香取・鹿島の両神宮、筑波山・古峰《ふるみね》・金華山《きんかざん》などへの参詣もみられ、大正期になると汽船や鉄道が利用されて「中禅寺湖遊覧」・「松島遊覧」・「浅草見物」といった記載がみられるようになる。出羽三山信仰そのものが３００年以上連綿と受け継がれている反面、その形やありようは時代に合わせて柔軟に変化してきており、だからこそ長く続いているともいえるだろう。

長生地域の地域性と三山講

このような諸事例があるなか、本書で取り上げる東上総の長生《ちょうせい》地域は、出羽三山信仰と競合する日蓮宗卓越地域(先述の「七里法華」)の縁辺部に位置する。前出の「出羽三山と山伏」展で紹介された梵天のうち、長生地域のものは7例あった(茂原《もばら》市、長生郡長柄町《ながらまち》・長南《ちょうなん》町・睦沢《むつざわ》町・長生村《むら》・一宮《いちのみや》町、うち長南町のみ2例)。千葉県内の梵天は北総型・内房北部型・内房南部型・外房型の四つに類型化されており(前項の上高根は内房北部型、中島は同南部型とされる)、茂原市・睦沢町・長生村・一宮町の例が含まれる外房型では、八日講(三山講)が頻繁であるのに対して、記念碑の建立に熱心ではなく、梵天の形が比較的簡単であるという特徴がある。一方、内房南部型に含まれる長柄町・長南町でも、梵天の形など外房型に通じる特徴がみられるとされ、全体として長生地域の出羽三山信仰の形に一定の共通性を見出すことが可能であろう。

1913（大正二）年に刊行された『長生郡郷土誌』の「三山参詣」の項には、同郡の出羽三山信仰に関して、以下のように記されている。

> 出羽三山に参詣するものを、俗に奥州参詣と称し、年々七月下旬より、団隊（ママ）を結び、三山に参詣し、八月十日前後に帰村するを例とす。一度三山を参拝して、六根清浄を受けし者を行人《ギョウニン》と称へ、毎月八日行堂に参籠し、盛に神仏の有難きを語り、水垢離をなして、敬意を表し、安全を祈ると共に、同行者の親和を厚ふせり。往時行人といへば、五十歳以上の老翁なりしが、近頃は青年をも混入するに至れり。

また、時期をさかのぼって、長生郡の南に隣接する夷隅《いすみ》郡長者町《ちょうじゃまち》（図1-4参照）の渡辺寛（1770・明和七〜1855・安政二年）も、『南総珍』（『房総叢書二』所収）の「行人」の項で、次のように述べている。

> 此山（出羽三山…筆者注）に詣る者は、二度か三度に及ぶ事を願ふ、国に帰り行屋に至、山より伝へし浄火に改、清水に垢離し、懺悔々々六根清浄と、祝言を捧ぐ、何時の頃より歟流行、是も百姓商人の家職にあらず、当時の富士講に似たれど、年久世間流布し、御制禁もなし

これらの記述から、すでに19世紀には長生地域一帯で出羽三山信仰が広く浸透し、近現代に入ってもそれが定着していたことがうかがえる。ちなみに、茂原市七渡《ななわたり》（図1-1参照）にある羽黒神社は、宝暦年間（1751～64年）の創建を伝えている。

前章で参照した田丸健良《けんりょう》の『極楽道中記』は、1838（天保九）年に夷隅郡江場士《えばど》村（現、いすみ市）の日在《にちざい》寺金比羅《こんぴら》大権現を参詣した際、以下の「一説」を載せている。それは、羽黒山に納めていた「三代将軍様御本尊」を寛永寺に安置していたところ、「日在寺貧刹なる故に、此度東叡山院より寺繁昌の為に下され」たというものである。また、「今ハ羽黒の門下錫杖頭にて湯殿三山□（欠字（行カ）…筆者注）人塚祭等を司る梵天頭と云寺別にありと、今ハ檀家なしと」と、出羽三山信仰関係の修験寺の存在が示唆されている。また、横山村（現、いすみ市）から米原《よねはら》村（現、市原市）に抜ける峠道（今の国道297号線）は羽黒坂とよばれる難所で、1837（天保八）年にここを通った健良は、「羽黒とハ　いへと緑りの　若葉かな」、「羽黒から　かすかに見ゆる　富士の山」の句を書き留めている。なお、1838（天保九）年の記事によって、「横山の松しげりたる処、羽黒山権現を祭れり、依之此坂を羽黒坂と申」という地名の由来が判明する。この坂の近くには、今も標高170mの「羽黒山」がある。

さて、次節以降で長生地域の三山講の事例をいくつか検討するのに先立ち、「出羽三山と山伏」展で取り上げられた茂原市野牛《やぎゅう》・睦沢町寺崎・長生村金田（図1-4参照）の三山講（野牛のみ「出羽三山行人会」）で、それぞれ特徴的と思われる点を簡単に紹介しておきたい。野牛では、三山登拝者が「行人会」を組織し、そのうちの年配者8名が「八日講会」を年4回開いている。また、隣接する台田《だいだ》集落とともにおよそ2年おきに三山に登拝している（寺崎・金田では毎年登拝）。また、風祭り（寺崎で8月16日、金田で7月28日）や、年取り行と称する餅つき（金田で12月7・8日）を行人が担当する集落もある。前項の西上総や後述の諸事例と合わせ、地域によって、さらに同じ地域内であっても、「出羽三山信仰」がかなり多様な内容を含んでいることは、日本の地域社会における信仰を考えるうえで大いに注目される。

（2）一宮町域外の出羽三山信仰

長柄町の事例

長柄町は茂原市の西に位置し、古代には長柄郡衙《ぐんが》の所在地であった。同町域内の桜谷《さくらや》村（図1‐1参照）にあった帝釈寺は、出羽三山の末派修験として、長生地域における出羽三山信仰の浸透に一定の役割を果たした。帝釈寺は羽黒山配下の錫杖頭であり、江戸の十老僧（前節参照）と支配下の修験たちとの取次にあたっており、その支配下には長南宿の行光寺などがあった。ただし、帝釈寺や行光寺をはじめとする行人寺が廃寺となっている一方で、出羽三山信仰が今なお息づいていることを考え合わせると、布教側の意図だけではなく、地域社会の側にある浸透の要因を探っていくことが重要となろう。

同町内の出羽三山信仰に関しては、東洋大学によって１９７２（昭和四七）年に民俗調査報告が刊行されている。その記述によれば、同町内の44集落のうち、26集落に三山講が存在していた。当時、出羽三山への登拝には1～3週間をかけており、その間、家族は道祖神（道陸神《どうろくじん》）や地蔵に参詣して道中の無事を祈っていた。行人の葬儀時には、行人のみが参加する「二番葬礼」・「行人ゾウリ」といった特別の儀礼も行われていた。なお、同町刑部《おさかべ》には、磐前《いわさき》県下白川郡中石井村（現、福島県矢祭町《やまつりまち》）で行き倒れになった三山参詣者の身元を照会する１８７３（明治六）年の史料が残されている（『千葉県の歴史　別編』）。また同じく長柄山《ながらやま》では、年に2回、1週間ずつ行屋にこもる「寒行」と「大垢離」

が行われ、大垢離は雨乞いの行事でもあった。

　羽黒山宿坊の史料に基づく大津倉《おおづくら》集落（旧、長柄郡大津蔵村）からの参詣の初出は１６７３（延宝元）年であり、享保年間（１７１６〜３６年）以降は継続的な登拝が確認できる。三山碑は町内に41基あり、うち江戸時代が３基（最古は１８０１・享和元年）、明治期が15基、大正期が11基、それ以降が12基である。大津倉集落では梵天供養（前節参照）の史料も残されており、同地区にて幕末から１９５２（昭和二七）年まで５度の梵天供養が営まれて広範囲の行人が参詣に訪れた。このうち１９５２（昭和二七）年の梵天供養時には、１９４１〜５１（昭和一六〜二六）年までに出羽三山登拝をすませた計48名の梵天供養のために、近隣の交際村（付き合い村）の手伝いのほか、59地区の行人中の参詣があった。その一方で、大津倉地区の行人たちも各地の梵天供養に頻繁に参加しており、１８９１〜１９０１（明治二四〜三四）年の間に、同地区の行人たちは、自地区のものを除き、のべ41地区の梵天供養に参加していた。同集落にある行屋が「泉光院」とよばれているのは、かつてそこに山伏がいた名残と考えられている。

　こうした梵天供養は「生き葬式」・「生きゾウリ」とよばれ、死後に供養を迎えることを忌む観念の存在が指摘されている。また、山伏姿の行人が虫送りや雨乞いなどの五穀豊穣を臨機に祈願する行事（後述）が、梵天供養などに集約されているともいう。この大津倉集落の墓制が男女別葬であったことに関しても、『長柄町史』では出羽三山信仰との関連性があったと述べられている。ただし、筆者が２０１８（平成三〇）年に現地で見た限りでは、近年に建てられた新しい墓碑が目立ち、男女別葬の形はほとんど見出せなかった。刑部集落稲塚区では、約15年前まで墓地が行人、行人以外の男性、女性と子どもの三段になっていたが、家ごとの区画に改めた例がある（出羽三山の行人を別に埋葬する形は、海上《かいじょう》郡海上《うなかみ》町（現、旭市）でもみられるという）。なお、一宮町東浪見《とらみ》集落の一部で江戸時代まで男女の別で葬儀執行の宗派を規定する半檀家制の慣例がみられたが、これと出羽三山信仰とのかかわりは明らかではない。

長南町および睦沢町の事例

長柄町の南に隣接する長南町について、「出羽三山と山伏」展（前出）では、蔵持上《かみ》と芝原という二つの行堂の例が紹介されている。同町西部にあって市原市に境を接する蔵持集落（図1-1参照）では、上地区の全応《ぜんのう》寺（曹洞宗）の一隅に1827（文政一〇）年再建の棟札が残る行堂があり、そこに祀られた釈迦如来像胎内には1699（元禄一二）年の経木があるという。同集落内にある四宮神社の神輿は、かつて釣ヶ崎海岸まで渡御し、一宮玉前《たまさき》神社などとともに祭典を行っていた。

他方、町域東部の芝原集落に関しては、隣接する睦沢町森集落と合わせた民俗調査が睦沢町立歴史民俗資料館によって行われている（図1-4参照）。同調査の報告では、芝原地区に現存し、今でも八日講などの行事が開かれている行堂（写真3-2）や出羽三山登拝について詳しく記録されている。それらによれば、この行堂に関係する行人は60～75人ほどおり、毎月八日講を行うほか、11月7～8日には「行堂の祭り」が催され、花火や踊りなどの余興もある。一年でこのときだけ、行堂内にある大日・薬師・観音を祀った厨子が開扉される。登拝および行堂

写真3-2　芝原の行堂と三山碑（長南町）

中央の三山碑に見える小さな紙片は，「百八社参り」時に近隣集落の講員によって貼られたもの．左に写っているのは梵天．三木（2016）を引用，2012年8月撮影．

の責任者は一年交替で「先達」とよばれ、さらに年を重ねると出羽三山に申請して「大先達」となる。近年では7月下旬〜8月上旬に出羽三山に登拝し、帰着後は近隣一帯の行堂や三山碑に札を貼って回る「百八社参り」を行う（写真3-3）。百八社参りは、長柄町域では百社参りともよばれ、各地区の稲作状況の検見に好都合だったこともあって盛行したが、稲作の時期が早まるとともに廃れていったという。その際、他集落の行堂で茶の接待をうけたり、ほかの2集落（睦沢町佐貫および長楽寺）の行堂と合同で参拝と直会《なおらい》を年3回開いたりするなど、出羽三山信仰が地域内の交流を生み出している点は注目される。この行堂脇には、昭和から平成にかけての三山碑が計10基立っており、最も近年のものは２００８（平成二〇）年と、今日にいたるまで信仰が継承されていることがわかる。２０１１（平成二三）年の睦沢町立歴史民俗資料館による調査時には、他集落の三山講による百八社参りの札がこの碑に7枚貼られており、前記の蔵持集落のほか、長南町地引《じひき》・同町小沢・睦沢町大上《おおがみ》（碇《いかり》）・茂原市中善寺などの「行人一同」による札があった。

　睦沢町内では、同町立資料館による調査で22カ所の三山碑が確認されており、このうち上記の佐貫集落では御霊神社や福円寺（天台宗）の境内など3カ所に三山碑がみられる。同町大谷木《おおやぎ》集落の安養寺（真言宗）には１８２７（文政一〇）年に「大谷木村中」によって建てられた三山碑があり、当時の安養寺住職の名が「導師」として刻まれているほか、「行屋」本性院の名も見える（大谷木では八重垣神社境内にも三山碑がある）。同じく上市場集落の成就院（真言宗）には１９２８（昭和三）年の「奥州三山神社建碑」があり、北山田集落の青年館前にある「北山田行人三山参拝記念碑」には、１９８７（昭和六二）年の千葉県東方沖地震で倒壊した石碑をその翌年に再建したとの銘がある。なお後者の三山碑には行人として数名の女性も名を連ねており、地区によって三山講の加入資格が変わってきていることを示す例といえる。田丸健良の『極楽道中記』（前章参照）には１８３４（天保五）年に北山田村を通った際に「行屋あり」、「行屋に人声しける故、道を聞」と記録しており、当時から出羽三山信仰が存在していた可能性をうかがわせる。最近では、上之郷《かみのごう》集落の行堂に２００８（平成二〇）年、長楽寺集落の無量寺（天台宗）に２００９（平成二一）年の三山碑がそれぞれ建立されている。

筆者は２０１７（平成二九）年11月7日、上記「行堂の祭り」を実見する機会を得た（写真３－４）。当日は午前8時に9名の行人（男性）が集合し、同月3日に搗いた餅や、米・塩・昆布・野菜・果物を供物として準備する。9時半を過ぎると行人は行衣に着替え、献饌《けんせん》の予行演習などを行う。近所の人々が祝儀を持参する

写真 3-3　芝原行堂講員による百八社参り（睦沢町）

同町寺崎にある観喜寺境内の三山碑．2011年8月，睦沢町立歴史民俗資料館撮影．

写真 3-4　芝原の「行堂の祭り」（長南町）

2017年11月撮影．

ほか、近隣集落の行人も訪れる。午前10時に花火を合図に一度目の祭典が始まり、開扉・献饌・祝詞《のりと》など、30分ほどで儀式が終了する。その後、直会となるが、その際には、行人が準備した汁と、この行堂を檀那場とする羽黒山の大進坊《だいしんぼう》から届けられた酒が供される。さらに正午から昼食（おにぎり・汁・天ぷら）で、その後は中休みのような格好となる。所用も兼ねて訪れた大進坊の「若旦那」夫妻を15時頃に迎えると、16時に二度目の祭典が催され、再び直会となる。筆者はこの直会の途中で退出したが、夜には4名が行堂で泊まり、翌日にも祭典がなされるとの話であった。

また、その際の聞き取りによれば、１９６５（昭和四〇）年頃には約30名で出羽三山に参詣し、金華山や佐渡に立ち寄るなど、4～5泊の旅行であったという。それを物語るように、行堂内には参詣時の集合写真や、登拝が10度・20度などに達した行人の個人写真が飾られていた。同じ堂内には、老人クラブの賞状も並べられ、八日講と老人クラブが共同で行われていることを示している。これらの写真や聞き取りなどを総合すると、八日講の活動は往時の方がより盛んであったと推察される。同町佐坪の例では、第二次大戦前までは毎月行屋で八日講が行われ、とくに12月7日から9日にかけての「墓供養」は重視されていたという。このときには行屋で供えて拝んだミカンや餅が行人の家族などに配られ、そのミカンを食べた子どもは風邪をひかないといわれていた。

（3）一宮町域の出羽三山信仰

昭和末期の状況

上総一宮郷土史研究会による１９８８（昭和六三）年刊行の『続　ふるさと』のなかに、当時の一宮町内における三山信仰についてまとめた部分がある。その記述によると、町内には下記の五つの三山講が存在し、計３４６名の行人がいた（括弧内の集落名については図1-3参照）。

①一宮敬愛会　１４６名（中ノ原を除く旧、一宮町全域）
②中ノ原八日講　45名（一宮町一二区）
③東浪見《とらみ》南部八日講　48名（釣・大村・権現前・岩切・枇杷畑《びわばたけ》）
　　＊権現前は大村と枇杷畑の間に位置する
④東浪見北部八日講　73名（新熊《あらくま》・上《うえ》ノ原・下《した》ノ原・稲荷塚《とうか(いなり)づか》）
⑤綱田《つなだ》奥州三山講　34名（綱田）

これら五つの講を檀那場としていたのは、羽黒山の神林勝金《かんばやしかつかね》である（写真3-5、3-6）。次項では①の一宮の「町場《まちば》」にあった敬愛会を取り上げ、次に②〜④の東浪見および中ノ原、そして最後に⑤の綱田三山講の事例をみていきたい。

一宮敬愛会の事例

一宮の玉前神社（第1章参照）近くにある観明寺《かんみょうじ》や東栄寺の境内ないし隣接地には、大正期から昭和戦前期にかけての三山碑が合わせて7基確認されている。後者の場所には、近年まで大

写真3-5　羽黒山の神林勝金（鶴岡市）
2014年8月撮影.

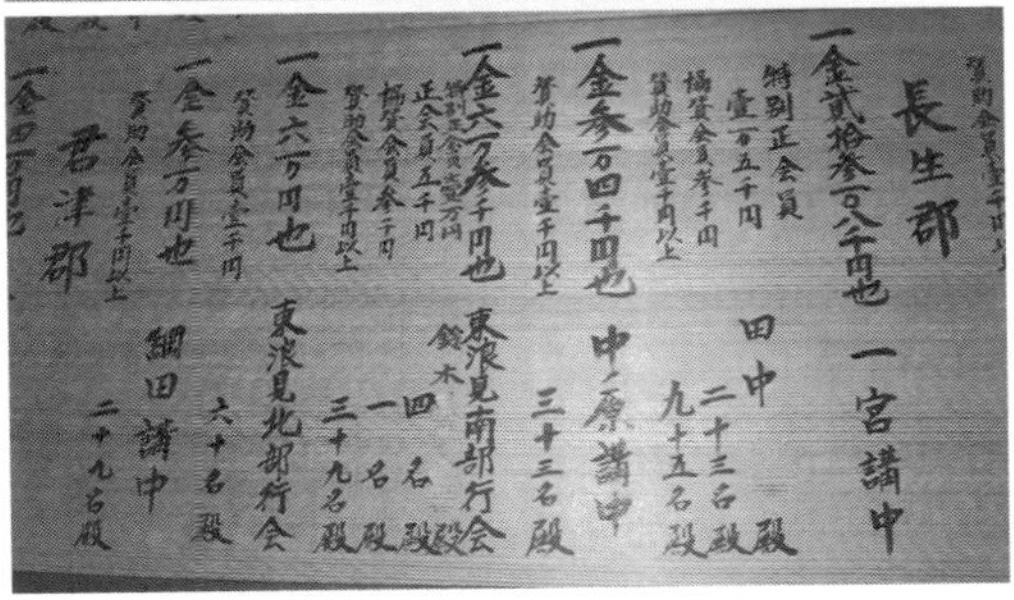

写真3-6　神林勝金の奉納額の一部（鶴岡市）
写真は一部を修正している.
2014年8月撮影.

日堂行屋とよばれる三山講の行屋があったが、２０１６（平成二八）年に講が閉じられ、行屋内殿（旧、一宮尋常高等小学校奉安殿：写真３－７）は国立歴史民俗博物館の所蔵となった。また、６００点を超える講の史料は睦沢町立歴史民俗資料館に寄贈され、それをもとに２０１８（平成三〇）年には同資料館で企画展が開催された。以下の記述も、同資料館所蔵の「一宮町大日堂行屋旧蔵文書」（カバー写真の文書もその一つ）によるものである。

まず、１９３１（昭和六）年の「一宮町三山敬愛教会規約」によって、同講の概要を確認していく。規約は25の条文からなり（表３－１）、第一条で「山形県月山・羽黒山・湯殿山ノ大神ヲ主体トシテ信仰ス」と講社の目的がうたわれている。次の第二条では、講員の資格に行者と信者があり、「普通登山セル者ヲ称ス」一般の信者に対し、「克ク行ヲ積ミ他ノ信者ノ模範トナル者」として選ばれた行者が講社の世話人を務めたことがわかる。第三条から第六条までは講員の日常行為に関する規定で、「和気藹々真意ヲ宗トシ」（第四条）とあるごとく、内部での親睦が重視されていたことがうかがえる（本規約末尾にも「右条々一同親睦ニ相守ル事ヲ約ス」とある）。第七条では「講元監督一名、副監督一名、世話人拾壱名」を講員より選挙するとあり、さらに第十条で世話人から会計2名を選ぶと定めている。同条に「都度決算ヲ報告明記シテ永久保存スル事」とあるように、今回寄贈された講史料の大半は飲食物をはじめとする領収書類で占められている。そして、「歳々ノ豊凶好不況ヲ見計ラヒ新講社員ヲ募集勧誘シ、先達ヲ撰ビ登山又ハ遊山ノ道順ヲ懇切ニ案内スル事」（第八条）、初登拝者あるときは講元監督と世話人が宿坊や「道々定宿」にあらかじめ通

写真 3-7　一宮敬愛会行屋内殿（一宮町）
2016 年 1 月，睦沢町立歴史民俗資料館撮影.

表 3-1　「一宮町三山敬愛教会規約」

（表紙）一宮町三山敬愛教会規約

一宮町三山敬愛教会規約

第一条　本講社ハ一宮町三山敬愛教会ト称シ、山形県月山・羽黒山・湯殿山ノ大神ヲ主体トシテ信仰ス。

第二条　本講社員ハ行者・信者ト称シ、行者トハ本講社世話人ヲナシ小中先達ヲ経テ克ク行ヲ積ミ他ノ信者ノ模範トナル者ヲ社員一同協議ノ上定ム。信者トハ普通登山セル者ヲ称ス。

第三条　本講社員ハ凡テ徳義ヲ重ンジ、其他一般社員ニ不徳ノ行為アル時ハ倶ニ協議シテ善導スル事。

第四条　本講社員ハ和気藹々真意ヲ宗トシ、決シテ喧嘩口論ノ行為ヲセザル事。

第五条　本講社員ハ国法ニ禁ゼラレタル行為ハ一切避ケ、国家社会ニ対シ安寧秩序ヲ誤ラザル事。

第六条　本講社員ニ於テ若シ粗暴乱行甚ダシク、数回戒慎ヲ加フルモ尚ホ改悟セザル者ハ、本山ニ通知シ除名スル事アル可シ。

第七条　本講社員ヨリ講元監督一名、副監督一名、世話人拾壱名ヲ選挙ス。期限ハ各満参ケ年ト定ム。但シ再選ヲ妨ゲス。

第八条　本講社員ハ思想ノ善導ヲ心掛ケ、歳々ノ豊凶好不況ヲ見計ラヒ新講社員ヲ募集勧誘シ、先達ヲ撰ビ登山又ハ遊山ノ道順ヲ懇切ニ案内スル事。

第九条　講元監督及ビ世話人ハ初メテ登山セントスル社員ノ為メ本坊又ハ神林坊ニ予メ通知シ、尚道々定宿ニモ通知シ相互ノ便宜ヲ謀ル事。

第拾条　本講社世話人中ヨリ弐名の会計掛ヲ選ビ、都度決算ヲ報告明記シテ永久保存スル事。

第拾一条　本講社ハ夏冬ニ期ヲ定メ必ラズ行ヲ為ス。但シ講社員中差支アル者ハ此ノ限リニ非ラス。行中ハ古来ノ慣例ニ依リ魚肉ヲ禁制シ、勿論食時中ハ無言ノ事。

第拾二条　本講社員ハ山祝又ハ行ヲ為サントスル時ハ都度壱名五銭ツヽ徴集シ、出席者ハ白米壱升・味噌若干ヲ持参スル事。若シ社員不幸ノ際ハ塚供養料一名金五銭ツツ徴集ス。

第拾三条　講社員総テ行ヲ為サントスル時ハ身滌洗ヒノ為メ神酒ヲ捧グル事。普通日一名当リ弐合トシ、満願日ハ参合ト定ム。

第拾四条　本講社世話人ハ夏冬両期ノ行ニハ必ラズ出席ヲ要ス。若シ万一無拠不参ノ場合ハ都度実費ノ半額ヲ申受クル事。

第拾五条　本講社員ハ留守居壱名行家ニ置キ、右留守費トシテ月々壱名白米壱合及灯明電灯料トシテ金壱銭ツツ納ムル事。

第拾六条　本講社員若シ不幸ノ場合ハ慣例ニ依リ多少ニ不拘霊祭料ニ納メラレ度キ事。

第一項　霊祭料金拾円以上納メラレタル者ニハ本山ト称シ梵殿四十八本ヲ飾リ、施主ヘノ梵殿ハ西ノ内及色紙ヲ用ユ。但シ普通四十八本ヲ略シテ弐拾四本トシ、三山ノ三本ニ施主ノ壱本ヲ併セテ弐拾八本ヲ定トス。以下半数ノ事。

第二項　霊祭料ノ多寡ニ不拘、克ク本講社ニ尽瘁シタル者ニハ色紙ヲ用ユ。亦協議ノ上弔旗ヲ送ル事。

第三項　霊祭料ノ壱割ハ必ラズ積ミ立テ置キ、不時必要ノ場合又ハ修繕費等ニ充ツル事。

第拾七条　本講社ニ新ニ加入登山セント欲スルモノハ、梵殿料トシテ其ノ都度金壱円ヅツ納ムル事。

第拾八条　本講社員ハ例年七月拾五日ニハ御山祝トシ、行家ニ集リ祈祷スル事。

第拾九条　本講社ニハ常ニ規約簿・登山簿・会計事跡簿ヲ設備シ置ク事。

第廿条　本講社世話人ハ信者トシテ古来ヨリ関係アル金比羅祭ニ毎月拾日ニハ操《ママ》合セテ出勤スル事。

第廿一条　本講社員ハ本山御札料トシテ毎年壱月金弐拾銭ツツ納ムル事。

第廿二条　本講社員中又ハ家族ニ於テ病魔ノ為メ祈祷ヲ希望スルモノアル時ハ、世話人一同祈願スル事アル可シ。

第廿三条　本講社所有ノ家屋建物修理又ハ改築ノ場合ハ、古来ヨリノ慣例ニ基キ一般有志ヨリ寄附ヲ仰グ事。

第廿四条　本講社規約ハ時代ニ順応シ社員一同協議ノ上変更スル事アル可シ。

第廿五条　本講社員ニシテ本講社ニ対シ世話掛又ハ諸事尽力シタル者老齢七十歳ヲ超エルモノハ、元老亦ハ相談役トシ敬愛スル事。

右条々一同親睦ニ相守ル事ヲ約ス。

昭和六年壱月

（以下連名略）

「一宮町三山敬愛教会規約」一宮町大日堂行屋旧蔵文書（睦沢町立歴史民俗資料館所蔵），1170633 号.

知し「相互ノ便宜ヲ謀ル事」（第九条）としている。第十一条以下は講での行についてであり、世話人の出席を必要とする夏冬二期の行（第十四条）では「魚肉ヲ禁制シ、勿論食時中ハ無言ノ事」（第十一条）、また毎年7月15日に「御山祝トシ、行家ニ集リ祈祷スル事」（第十八条）と規定している。これらの行や山祝の際、講員からは金銭や白米・味噌（第十二条）、神酒（第十三条）が集められ、行屋の留守居には「留守費」が支払われた（第十五条）。講員が亡くなると「塚供養料」が集められ（第十二条）、遺族からの「霊祭料」や講への貢献度に応じて梵天の数や使用する紙などを判断した（第十六条：写真3-8）。また、第二十二条には講員やその家族のなかで「病魔ノ為メ祈祷ヲ希望スルモノアル時ハ、世話人一同祈願スル事アル可シ」とあり、行者の宗教者的機能を確認できる。このほか、世話人には、観明寺境内にあって「信者トシテ古来ヨリ関係アル」金比羅の月例祭への出席も求められている（第二十条）。「講社員ニシテ本講社ニ対シ世話掛又ハ諸事尽カシタル者老齢七十歳ヲ超エルモノハ、元老亦ハ相談役トシ敬愛スル事」という最後の第二十五条は、講員としての理想的な目標を示すものと解釈できよう。

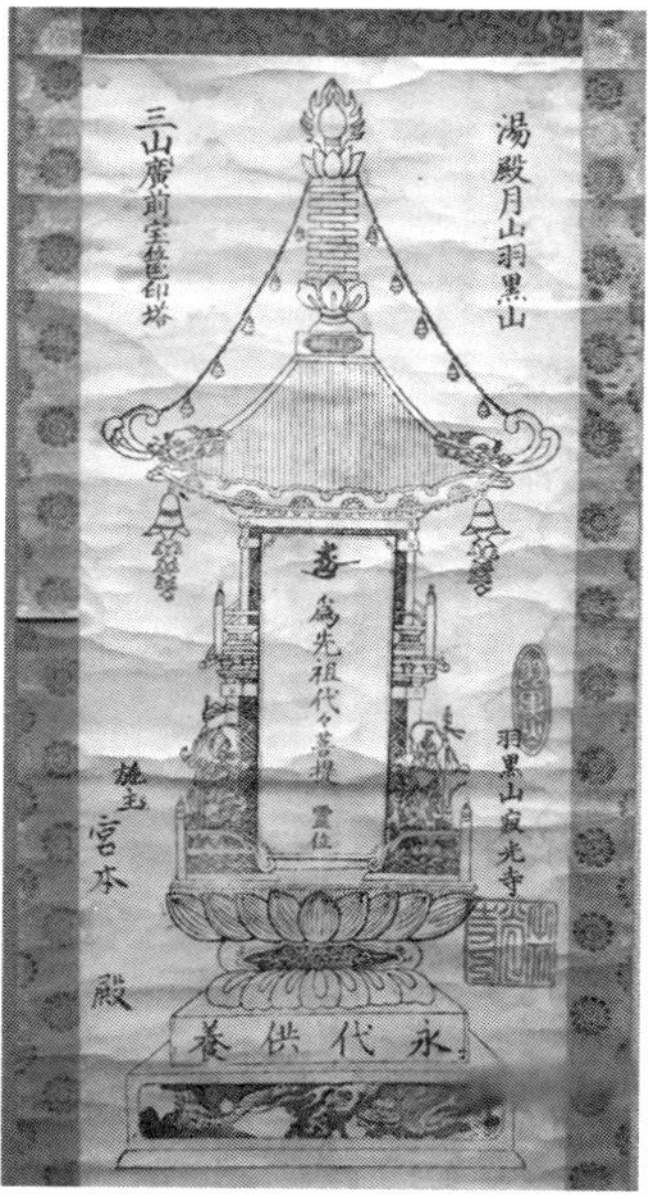

写真 3-8　一宮敬愛会の掛軸

一宮町大日堂行屋旧蔵文書（睦沢町立歴史民俗資料館所蔵），1170774 号. 写真は一部を修正している．江戸時代の仏式である．2018 年 3 月撮影.

次に、参詣人数の推移をみるため、同じ史料群の「登山簿」にもとづき表3-2を作成した。この史料は参詣者の登山年月日や人数、それに死亡年月日・年齢を記した名簿である。ここで確認できる最古の参詣は1879（明治一二）年で、史料冒頭の84名はそれ以前に参詣した講員であると推測される。出発の時期はほとんどが7月中旬だったが、第二次大戦後は多少前後している。参詣人数をみると、１８８０（明治一三）年に3度に分けて計51名が参詣しているのをはじめ、第二次大戦前までが多めで、戦後は漸減傾向にあることがわかる。一方で、1〜3名程度の少人数による参詣も相当数あり、その際にはとくに複数回の参詣によって「克ク行ヲ積ミ他ノ信者ノ模範トナル者」（規約第二条）を目指す行人が多く参加していた。参詣時の年齢が判明する１９３５（昭和一〇）年の例では、道中

表 3-2　一宮敬愛会の出羽三山参詣人数の推移
－1879（明治12）～1993（平成5）年－

出発年	月日	同行人数	出発年	月日	同行人数
1879（明治12）	7/11	15	1932（昭和 7）	8/24	1
1880（明治13）	6/28	13	1935（昭和10）	7/14	16
	7/ 1	24	1936（昭和11）	7/17	11
	7/ 7	14		7/20	3
1883（明治16）	6/25	3	1937（昭和12）	7/ 9	28
	6/28	6		8/24	1
1885（明治18）	7/10	1	1940（昭和15）	7/14	2
1891（明治24）	7/17	10	1942（昭和17）	4/22	2
1892（明治25）	7/13	7		8/ 6	34
1893（明治26）	7/－	1	1949（昭和24）	7/12	24
	－/－	1	1954（昭和29）	7/27	11
1896（明治29）	7/10	14	1955（昭和30）	7/21	17
1897（明治30）	7/11	22	1957（昭和32）	7/22	15
	7/15	9	1961（昭和36）	7/12	9
1898（明治31）	7/17	20	1962（昭和37）	7/13	19
1899（明治32）	7/15	4	1964（昭和39）	6/30	7
1902（明治35）	7/13	14		7/17	15
1906（明治39）	7/16	32	1965（昭和40）	7/ 4	11
1908（明治41）	7/16	7	1967（昭和42）	7/13	4
1912（明治45）	7/18	8	1968（昭和43）	7/－	9
1913（大正 2）	7/11	11	1973（昭和48）	7/ 9	2
	7/11	11	1974（昭和49）	7/ 1	2
1915（大正 4）	7/15	19	1975（昭和50）	7/20	3
1918（大正 7）	7/17	13	1981（昭和56）	7/10	1
1921（大正10）	7/14	2		7/24	14
1922（大正11）	7/13	18	1982（昭和57）	7/10	4
	7/18	8	1983（昭和58）	7/ 8	21
1924（大正13）	7/13	3		7/24	3
1925（大正14）	7/13	25		7/24	17
1926（大正15）	7/15	25	1985（昭和60）	7/21	3
1928（昭和 3）	7/17	10	1987（昭和62）	7/ 4	15
	7/19	4	1990（平成 2）	7/22	21
1930（昭和 5）	7/13	3	1993（平成 5）	7/29	4

史料冒頭に84名の名が記載されているが，参詣年月日は不明である．末尾には1995（平成7）年の役員一同外1名の登山が記載されている．「登山簿」一宮町大日堂行屋旧蔵文書（睦沢町立歴史民俗資料館所蔵），1170634-1号により作成．

先達が44歳、副先達が40歳で、他に40代2名、30代10名、20代2名と、参加者の年齢層はそれほど高くなかった（平均年齢は36歳）。

「道中定宿」と題された別の史料では、１９３６（昭和一一）年の往路で筑波山や松島、復路で善光寺や中禅寺湖・日光などに立ち寄っており、翌年には鳴子温泉、１９４２（昭和一七）年には鬼怒川温泉の宿の名も見える。１９３６（昭和一一）年の最後に記された日光泊が7月25日（出発日から12日目）であるのに対し、１９４２（昭和一七）年の鬼怒川温泉は8月11日（出発日から6日目）となっていて、戦争の影響もあってか日程は短縮されている。その後、１９６２（昭和三七）年と１９６４（昭和三九）年には、「一宮駅一番列車」で出発したことが「登山簿」に明記されている。ちなみに「登山簿」に挟み込まれていた１９８７（昭和六二）年の旅程表は地元の観光業者によって作成されており、観光バスによる2泊3日の「出羽三山参りと天童温泉の旅」となっている（出発は午前4時で、前日午後6時に行屋に集合していた）。このときの参加者の年齢は、50代5名、40代9名、30代1名（平均年齢46・5歳）であった。

行屋脇にある三山碑のうち、１９２８（昭和三）年のものに関し、「大日堂信徒」による「三山大神建碑費寄附帳」が残されている。その「勧募ノ序」は、「夫レ敬神敬仏ハ我国民道徳ノ根本也、此故ニ国中到ル処神社アリ仏閣アリ」から始まり、一宮町大日堂の湯殿山碑もその一つであると述べる。そのうえで、「尚一増（ママ）吾人共ニ敬神ノ意志ヲ強固成ラシメン目的ヲ以テ同志ノ諸子ト相議り」、三山の大神と「諸氏ノ姓名ヲ刻記セル碑ヲ建設シ、之ヲ永久不朽ニ伝エン為ニ篤信ノ諸賢誠志ヲ抽デ協賛シ浄財ヲ喜捨シ、速ニ其清業ヲ成就セラレン事ヲ望ム」とし、先達の田中松三郎と発起人1名、それに世話人18名の名が列記されている。この三山碑の表面には当時の一宮町長の書によって、「国幣出羽大神、官幣月山大神、国幣湯殿山大神」と刻まれ、裏面には、敬愛会の宿坊となっていた「羽黒山大先達」の神林與三郎（「寄附帳」筆頭で金10円を寄付）や、観明寺住職の名などが見える。先達の田中松三郎は、１９２２（大正一一）年の三山参詣時に外の11名とともに「登山紀念」として桐苗と檜を12本ずつ寄進しており、それを記念する三山碑を１９２７（昭和二）年に建てている。同地の三山碑の年代が集中し、講の規約も制定されるなど、第二次大戦を前にしたこの時期、敬愛会の活動は相当に盛んであったといえる。なお、この田中松三郎は、１９４２（昭和一七）年4月に8回目となる参詣を果たしており、ときに70歳であった。

このほか、地域社会における行人の役割を示す一例となる史料に、１９３４（昭和九）年6月の「雨乞祈願」がある。その「概略」では、「昨年昭和八年ハ実ニ六拾年来ニ聞カザル旱魃」のため「漸クの五分ノ作ニテ非常時の財界中如斯一大痛手」だったところ、「本年ハ昨十月ヨリ旱天続キ、本年ノ作柄ヲ懸念シ当町有力者ハ率先」して堰などの補修を行うも、「天変地異ノ関係ナルヤ、又ハ旱魃ニ人事ヲ尽スルモ降雨ナク六月十三日ニ至ルモ植付スル事出来ザル状況ニテ、所謂神カノ加護ニ頼ムニ外ナク」、「教会員一同十三日から三日間降雨ヲ祈願スル」ことが記されている（このときは15日に雨が降って「満願日」になっている）。その前年の１９３３（昭和八）年にも同様の「雨乞祈願」の史料があり、さかのぼった１８８２（明治一五）年の「行人雨祈入費并に一銭帳」、１８８６（明治一九）年の「行人中雨祈ニ付入費帳」も残されている。また１８８９（明治二二）年2月、本郷村（一宮本郷村）・川（河）須ヶ谷村・上市場《かみいちば》村・東浪見村・小滝《こだき》村による「月山・湯殿山・羽黒山行人講中汐祭」の帳面もある。「汐祭」とは、千葉県で海上安全や大漁祈願を願う神事をさし、一宮の三山講でもこれを近隣集落の行人たちと共同で執り行っていたことがわかる（上記のうち河須ヶ谷・上市場・小滝は現、睦沢町：図1-3参照）。なお、千葉県内では館山《たてやま》市で今も「汐祭り」とよばれる湯立《ゆたて》神事が行われている（この日は漁を休んで船に大漁旗を立てて祝う）ほか、三山講の行人たちがたずさわる湯立が袖ケ浦《そでがうら》市などで行われているという。修験との結びつきが想定される湯立が、三山講の行人たちによって漁業とのかかわりをもちつつ存在していたことは興味深い。

東浪見・中ノ原の事例

次に、一宮敬愛会の事例とも対照させせつつ、一宮市街地の南方にあたる地区の八日講について取り上げる。

東浪見集落大村区（図1－4参照）に関しては、上智大学による民俗調査報告が１９６８（昭和四三）年に発表されている。東浪見集落は九十九里浜に面し、かつては地引網漁業が盛んに行われていた。旧東浪見村における三山講には、前述の通り、東浪見集落に二つ（通称「南部」および「北部」）、綱田集落に一つの計三つ（前記一覧の③〜⑤）がある。このうち大村区は、東浪見南部の三山講に属し、大村区の北隣の岩切区（同じく南部に属する）にある大日堂（現、岩切集会所）で三山講（八日講）を行っており、この大日堂には、１８４４（天保一五）年・１８９７（明治三〇）年・１９２９（昭和四）年の3基の三山碑が立てられている。かつてはこの三山講の行人たちが、地区の虫送りや雨乞いをつかさどっていた。虫送りは、後述する綱田集落と同様に梵天を作っての祈念であり、「行をした人でないとムシがきかない」といわれていた。もう一方の雨乞いは、三山講の講員たちが榛名山《はるなさん》から水をうけてくるというものである。この東浪見南部三山講の例とは特定できないものの、『一宮町史』には、１９３３（昭和八）年に起きた旱害時に、町内の三山講の行人が榛名山まで雨乞いに行った話を載せている。その記述によると、榛名神社での雨乞い祈願後に霊水をもらって竹筒に入れ、徒歩によるリレー方式で一宮まで持ち帰り（途中で止まらないよう昼夜兼行）、帰村時には大勢でその霊水を拝んだ後、笹の葉に水をつけて少しずつ撒いたという。

このほか、東浪見南部の三山講では、10月18日に梵天切りという行事が行われていた。この日、行人たちは行屋に集まって梵天を作り、それを大日如来に奉納してから行を始める。この行は、羽黒山から湯殿山への道中にある28カ所の拝所と、そのそれぞれにあてられた神仏の名号を順番に唱える形で進み、勤行の後は梵天を三山碑に納めて直会となる。三山講への新入りはこの場で紹介されて仲間入りを許される。この講に残る「霊簿題辞」（1775・安永四年）には、元禄年間（1688～1704年）以降の425名に及ぶ戒名が記されており、その祖霊供養が梵天切りの本旨とされている。なお、大村区における多様な講集団に関しては、それぞれの講が世代集団的な性格をもち、さらにそれらの講内部にも年齢による序列がある、と上智大学の報告書は指摘している。ただし三山講に関していえば、仮に一家に複数の行人がいたとしても、講に出るのは一軒1人であった。虫送りや雨乞いといった行事への八日講の関与は、大村区におけるほかの代参講（伊勢講・観音講・日光講）が「いずれも一度参詣したあとは、メンバーだけで定期的に集まって茶飲み話をするだけである」のと対照的であったとされている。また、岩切区の北東に位置する新熊区の集会所にも、東浪見北部の三山講と関連して、4基（1912・大正元年、1934・昭和九年、1935・昭和一〇年：1基は年不明）の三山碑（写真3-9）が

写真 3-9　新熊の三山碑（一宮町）
2012年2月撮影.

あり、11月25日には「三日二夜行」という行をもっていた。

近年の一宮町域では、旧一宮町に属する原地区にて、筑波大学による地理学的調査が実施されている。その報告によれば、原地区の男性は年齢層の若い順から伊勢講・三山講・富士講に参加することになっており、その全体像がみえにくいために、女性からは「秘密結社的だ」といわれることもあるとされる。このうち伊勢講は、玉前神社の十二社祭の運営にたずさわるなど、若衆組や青年団のような性格を帯びているという。これに関連して、前記『長生郡郷土誌』の「伊勢参宮」の項には、「昔は青年をして、必ず伊勢参宮を為さしめたり。今は奥州参詣の如く、盛ならざれども、猶往々団隊（ママ）を組み、伊勢太神宮に参拝することとあり、然れども出羽三山参詣者の如く、帰村後厳正なる行事を為す者尠し」とあり、すでに大正期においても伊勢講と三山講の性格に差異があったことがわかる。近年においても三山講は伊勢講に比べて宗教的意味合いが強く、行人仲間での葬儀や、出羽三山参詣留守中の女性たちによる近隣の社寺めぐり（「道祖神《どうろくじん》参り」とよばれる）など、長生地域に共通する慣習がみられる。上ノ原地区では、玉前神社や集落内の八雲神社のほか、集落に散在する12の道祖神や地蔵・祠などを毎朝巡拝していた（これに関して『続　ふるさと』は、一宮町における三山講の留守中に八雲神社・南宮神社境内、長生村金田の浅間《せんげん》神社境内など、計7カ所の道祖神を回っていたと記している）。ちなみに原地区内の上ノ原集会所付近には、年不明の三山碑一基がある。一方の女性は、同様に年齢順に子安《こやす》講・観音講・念仏講に参加し、子安講では善光寺と相模大山の参拝、および房州巡りを行う（善光寺は観音講も）。三山講と念仏講は一宮町で最も盛んな講とされ、とくに三山講は先にみたような行人としての扱いなどの面で、集落社会でも重要視されているという。そして、同地区は、これら年齢階梯に基づく講による社会的関係が本分家関係よりも強く作用する平等性の高い講組農村的な性格を有するとされ、講では本分家などの家格は関係なく、入講順で座席が決まっていた。原地区では講への参加者が多いために老人会の活動が活発ではなく、今日では農協による低金利融資の制度を利用する講もある。なかには台湾講・ハワイ講など、信仰とは無関係に旅仲間が飲食をともにするための講もあるが、筑波大学の調査では、こうした現代的な講と伝統的な講との相互作用によって、兼業農家を含む地域社会の紐帯が維持されていることに注目している。原地区では、年頭の頭屋引き継ぎ行事として千葉県から茨城県南部で行われることの多い「びしゃ（備社・毘沙）」行事も、宗教や娯楽の要素のない班の年始会となっている。

また同じく地区内の中ノ原八日講（前記一覧の②）は、千葉県による梵天調査（前述）の調査対象の一つとなっている。この八日講では、かつては全体で毎月集まっていたものが、1・5・9月の8日と7月15日（出羽三山の山開きの日）の年4回となり、今では1月8日と7月15日の2回となっている。また一緒に三山に行った同年代の人たちで、月1回のオウシュッコ（奥州講）を行い、親睦を深めている。宿坊の神林勝金は、次項の綱田集落と同じく隔年でこの講を訪れることになっている。この中ノ原八日講は、昭和初期に一宮町のマチ（町場）の八日講（前項）から分離したもので、1932（昭和七）年の三山碑は、マチから講が分かれたときに建てたものと伝えられている。

綱田集落の沿革と年中行事

以下では、一宮町南部に位置する綱田集落（図1－4参照）に焦点をあてる。綱田集落では、後述するように、それが一つの社会的地域単位として機能するなかで出羽三山信仰やそれに関連する諸行事が保たれてきたほか、古文書や民俗調査報告なども活用することが可能である。また、綱田集落は一

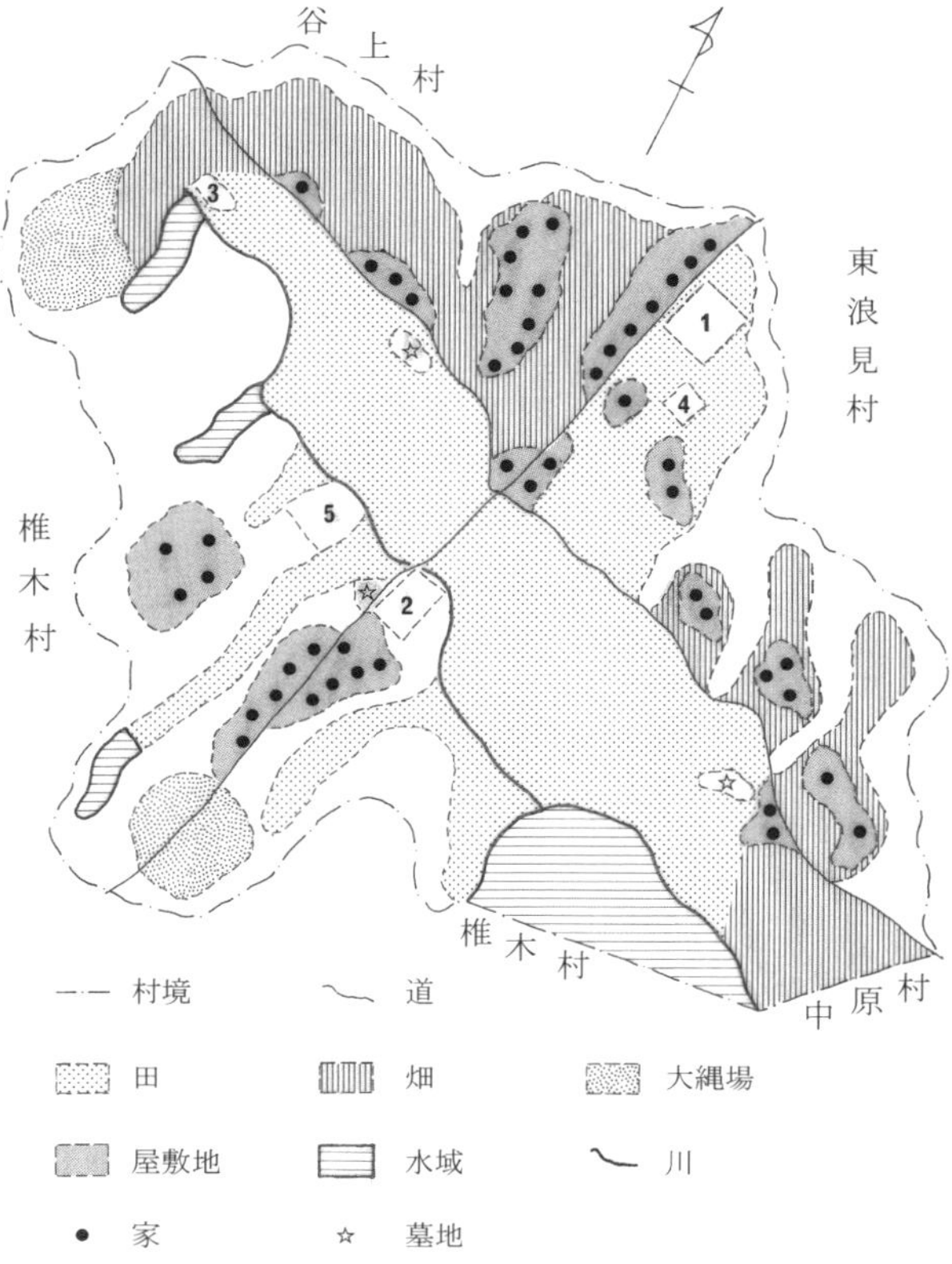

図 3-3 「綱田村絵図」 － 1871（明治 4）年－
1 浅間大神　2 長福寺　3 浅間大神上知
4 郷蔵敷　5 旧地頭林跡

もとにした絵図の距離関係が正確でないため，縮尺は示していない．また，村境や土地利用など，現地の実情とそぐわない部分も見受けられるが，原図のままとした．なお「大縄場」は，新たに開発され，正規の新田検地をうけるまでの間，低率の見込年貢を課される田畑のことである．三木（2016）を引用，関家文書（千葉県文書館所蔵），イ 44(3) 号.

宮町内にありつつ、玉前神社の十二社祭に集落単位で独自に参加する（第1章に前述）という特性も有している。本項では同集落の出羽三山講についての記述に先立ち、集落自体の沿革や年中行事について述べておきたい。

綱田集落は、江戸時代には長柄郡綱田村と称して旗本の岡部氏が領し、１８２８（文政一一）年における村高は三四〇石、戸数は55戸であった（図3-3）。綱田村ではかつて製塩も行っており、１８７０（明治三）年の「塩浜一件書類控」（『千葉県の歴史　資料編』所収）によれば、東浪見村が有する一七八八間（約３・３㎞）の塩場のうち、二七〇間（約５００ｍ）分を綱田村定小作場とし、塩三石五斗を東浪見村に渡すしきたりになっていた。１８８９（明治二二）年に綱田村は東浪見村と合併してその一部となったが、同集落で民俗調査を実施した宇野幸《みゆき》は、その後も社会組織などの面において集落としての独自性を保持しており、そうした独自性ゆえに、綱田集落の住民やほかの地区の一宮町民のなかで、綱田は町内でも特別な場所、という意識が強いという。集落域は、標高約20〜40ｍの丘陵と、それに入りこむ谷津《やつ》からなっており（写真３‐10）、その谷頭《こくとう》部に築かれた堰が用水として利用されている。往時は、海から吹き上げてくる風を恐れて、人家を谷奥や谷のなかに構えることが多かった。

１９６６（昭和四一）年における綱田の世帯数は59、人口は３２３であり、２０２０（令和二）年国勢調査では世帯数が１０５、人口が２５３であった。このうち世帯数39、人口77は、１９７０（昭和四五）年頃から集落南部の山林に建設された分譲住宅地（「松美ヶ丘」）が占めており、そこには主に集落外から転入した退職者の住宅や別荘が分布している。これを除く旧集落の世帯数66、人口１７６を１９６６年と比べると、半世紀で世帯数は微増、人口は減少している。

以下で述べる祭礼や年中行事への参加は、一部を除き旧集落の住民に限られるが、表３‐３のように旧集落にも近年他地域から移住してきた新住民が相当数いることがわかる。一方、旧住民に関しては、そ

写真 3-10　綱田集落（一宮町）

中央はJR外房線，線路左側手前は梨畑，左側奥は水田が広がる．線路の右側もかつては水田であったが，現在は耕作放棄地になっている．2023年4月撮影．

の約3分の2が上位二つの名字で占められている。なお、第1章で述べたように綱田は「東上総梨」の発祥地であり、すでに1928（昭和三）年の皇室へのナシ献上時に「綱田地区出荷組合」の名が見えるという。1990（平成二）年時点における綱田集落の総農家数は37戸で、うち32戸がナシを栽培しており、土地利用の面でも全経営耕地30・7haのうち19・9haを果樹園が占め、田や畑は減少傾向にあった。ほとんどのナシは露地栽培で、大原

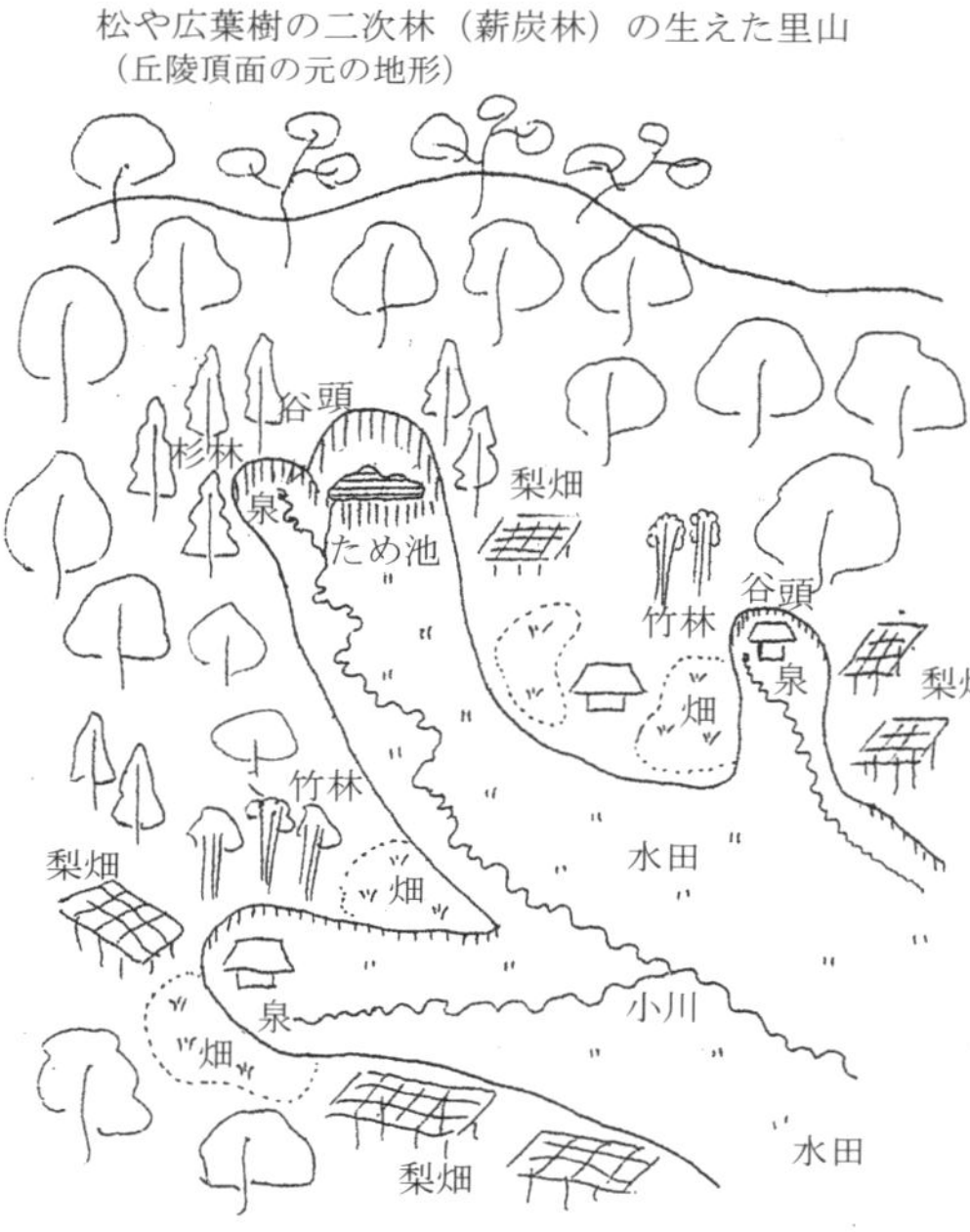

図 3-4　綱田集落の土地利用模式図
— 高度経済成長期以前 —
図 3-4, 3-5 は関 秀明氏作図.

表 3-3　綱田区の構成（単位：世帯数） － 2022（令和 4）年現在－

班	通称（小字名）	旧住民	（名字内訳）							新住民	合計
			Uz	S	M	K	Y	Us	T		
1 班	売場台（うるばんだい）	9	1	4	1	2	1	0	0	2	11
2 班	曲谷（まがりやつ／まわっと）	8	3	4	1	0	0	0	0	1	9
3 班	新田台（しんでんだい）	14	2	5	1	2	2	1	1	9	23
4 班	原野台（はらのだい）	7	5	1	0	0	0	1	0	9	16
5 班	久保谷（くぼのやつ）	6	4	0	2	0	0	0	0	4	10
6 班	松美ヶ丘（まつみがおか）	0	―	―	―	―	―	―	―	46	46
合計		44	15	14	5	4	3	2	1	71	115

転住等により，本文にある 2020（令和 2）年国勢調査の数字からは若干の異同がある．
関 信夫氏のご教示により作成．

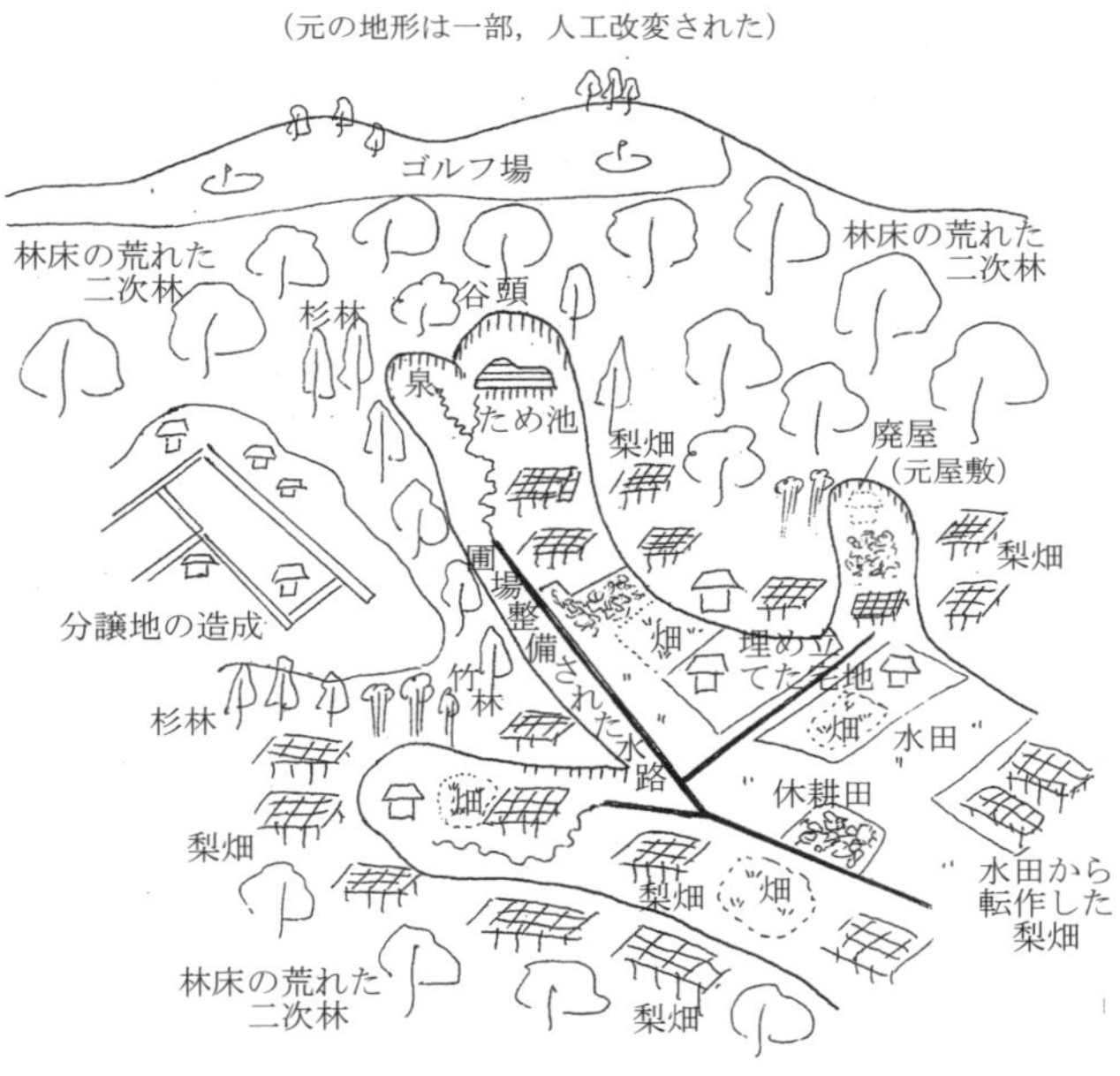

図 3-5　綱田集落の土地利用模式図

— 平成期頃 —

近年は梨畑が後継者難により一部が放棄され，荒地になっている．

町（当時）の朝市（第1章参照）でナシを販売している農家もあった（冬にはキウイフルーツを販売）。図3-4と3-5に高度経済成長期以前と平成期頃の綱田地区の土地利用を模式的に示したが、水田が減少して休耕田や畑・梨畑となり、薪炭林として使われなくなった山林はゴルフ場への改変のほかは「荒れた」状態になっている。全体として土地利用が集約化と粗放化の方向に二極分化する現象は、ここ数十年の日本の村落でかなり普遍的にみられる変化である。

綱田集落の鎮守は浅間《せんげん》神社（写真3-11）であり、現在は7月1日に祭礼が催されている。この祭礼時には、近隣の子どもたちが七五三参りにやってくるが、かつては「七つ子の祝い」と称して5歳と3歳では参詣しなかった。東浪見集落大村区では、この浅間参りを済ませると「イソーリになった」といい、浅間参りに先立つ禊ぎとして海辺に「磯下り」した名残をとどめている（いすみ市や御宿《おんじゅく》町では今も実際に海に出ているという）。田丸健良の『房総志料続篇』には、この浅間神社のある場所を「吹き上げ」とよび、「海風吹き上ぐる故名付けたものか」と記している（綱田集落では「吹い上げ」とよぶ）。前出の高山彦九郎は、1790（寛政二）年九月二〇日に綱田村で乾飯を開き、「富士浅間の社」の場所を「吹上けといふ」ことや、「頼朝暫く腰懸けられし所にて頼朝手水遣はれて薄を地へさされけるにつきて今に此所の薄をは頼朝薄と称す」との伝承を書き留めている（なお、千葉県では南部に頼朝、北部に平将門の伝説が多いという）。彦九郎はその翌日にも清水寺《せいすいじ》からの一宮玉前神社への帰途、「椎木《しいぎ》を過き綱田へ懸るになだらかなる坂」を上り、そこを北条時頼が廻国時に「暮に及びて通りしによりて」「暮野か原」と号すること、近くに「明ケ野か原」もあること、また御宿に時頼（最明寺入道）の命で西（ママ）明寺を名乗るようになった寺があることなどを、「皆ナ綱田村のものの語る所」として記している（な

写真 3-11　綱田浅間神社（一宮町）
山頂部は主に照葉樹林の森となっている．
2023 年 4 月撮影．

お、御宿町の最明寺（前章の上総巡礼第一一番札所）には今もその伝承が残されている）。

前記のように、玉前神社の十二社祭の際に綱田集落から1基の神輿を出すが、この神輿は南に隣接する椎木の玉前神社の若宮とされている。「千葉大系図」（『房総叢書九』所収）は、平《たいらの》（上総介《かずさのすけ》）広常《ひろつね》の叔父にあたる惟常（大椎《おおじ》五郎）について「椎木綱田祖」と付記しており、椎木の玉前神社はこの一族によって勧請されたとみられている。十二社祭の際、かつては綱田の「神あらひと云ふ処」で「内郷四社（第1章参照…筆者注）きよめを致し、釣ヶ崎」に出ていた（『房総志料続篇』）といい、神洗神社は集落内に現存している。その一方、江戸時代の綱田村には吹上山長福寺という天台宗寺院があったものの、明治維新時に廃寺となり、それ以降は大半の家が中原の玉崎神社に神葬祭の執行を依頼している。

1835（天保六）年の長福寺の年中行事記録によって作成した表3-4をみると、仏教的な行事とならんで、「浅間祭礼」（旧暦六月一日）や「稲荷祭」（同九月一八～一九日）があり、当時、長福寺が浅間神社の神宮寺的な役割を果たしていたことがうかがえる。また、同じ記録には、浅間社が「船中安全」・「大漁満足」の祈祷札を出していたことや、長福寺が相模大山や津島へ布施の銅銭を納めていたことも記されている。なお、本文書の原所蔵者（現在は千葉県文書館所蔵）である関家は、江戸時代に綱田村の名主を務めていた。

このほか表中の行事では、2月初午《はつうま》の「村祈祷・辻切り」や盆・正月の行事が、形を変えつつも近年まで行われてきた。2月の初午講は農閑期にあたり、以前には集

表3-4　綱田村の年中行事
－1835（天保6）年－

月日	行事
一月一日	村中年礼
三日	寺年礼
四日	村廻り
五日	末門中年始
一月中	村祈祷
二月初午	村祈祷・辻切り
五月一日	四節守り
五月中	虫送り
二十二日	山掃除
六月一日	浅間祭礼
四日	伝教会
七月十二～十六日（十四日）	盆行事（念仏・施餓鬼）
九月十八～十九日	稲荷祭
十月十五日	十夜
十一月二一四日	天台会
十二月二一三日	年神祭

三木（2016）を引用．原典は「吹上山年中行司」関家文書　（千葉県文書館所蔵），イ22号．

落役員の引き継ぎなどや年中行事の決定をそこで行っていたが、役員の交替を年度末の総会に移したため、戸主が集まって飲食するだけの場となった。ただし、若い衆の仲間入りの披露はこの場で行われ、仲間入りする家では酒を持参することになっていた。加えてこの日には、綱田集落と隣り合う集落との境になる5カ所に藁製の飾りを取り付けていた（もっともこれを辻切りとは称していない）。盆の8月15日には浅間神社に隣接する綱田集落センターで先祖講（綱田では「せんぞっこ」とよぶ）が開かれ、神主をよんで先祖や戦没者の供養を集落として行っている。この先祖講は第二次大戦直後の戦没者慰霊をきっかけに始められ、新盆の家は玉串料を納めて神主のお祓いをうけることになっている。また正月には、班ごとに日をずらして顔合わせの新年会を飲食つきで行っている。このほか、

表 3-5　綱田区年間行事予定 — 2022（令和 4）年度 —

月 / 日	曜日	行事名	対象	時間	肴番	幟番	備考	2000 ～ 01（平成 12 ～ 13）年の状況
4/24	日	草刈り	全員	8 時				記載なし
5/ 末	日	ごみゼロ運動	全員	8 時				記載なし
6/26	日	宮薙ぎ	全員	8 時		1 班		実施（草刈り）
6/30	木	宵祭り	全員	18 時	2 班		灯明料・人形	実施（「ヨイマチ」）
7/ 1	金	浅間神社祭礼	役員	8 時				実施（「センゲンマチ」）
7/ 2	土	上がり祭り	全員	8 時	3 班			実施（「アガリマチ」）
7/10	日	草刈り	全員	8 時				記載なし
7/17	日	古文書干し	役員	13 時 30 分			防災会役員会	実施
8/15	月	先祖講	全員	9 時	4 班			実施
9/ 4	日	宮薙ぎ	全員	8 時		2 班	草刈り	実施
9/13	火	玉前神社祭礼	全員		3 班			実施（肴番なし）
9/14	水	上がり祭り	全員	8 時	5 班			実施
—		毘沙講						実施（11/1, 肴番あり）
11/6	日	草刈り	全員	8 時				記載なし
—		初午講					数年前に消滅	実施（2/ 初旬, 肴番あり）
3/ 5	日	総会資料作成会議	役員	18 時				記載なし
3/19	日	綱田総会	全員	9 時	班長		防災会総会	実施
3/28	火	不動祭	全員	8 時				実施（灯明料）
3/ 某		種蒔きひやり	各班					実施（4/1 前後）

2000 ～ 01 年の状況は宇野 (2002) による．「令和 4 年度綱田区年間行事予定」により作成．

表3-4にはないが、11月1日の毘沙《びしゃ》講では、集落の戸主全員が集まって神主が祝詞をあげた後、飲食がなされ、これには新嘗祭《にいなめさい》の意味があったという。

しかしながら、2022（令和四）年度の綱田地区行事予定（表3-5）をみると、毘沙講や初午講には日付が入っておらず、いずれも数年前に氏子総代を中心に地区に諮って廃止されたという。それでも集落の祭礼や行政に関連する年間行事はかなりの数に上り、年度末の3月から玉前神社祭礼がある9月までは毎月何らかの行事が予定されている。集落の行政面では3月の「綱田総会」が地区全体にかかわるもので、その翌週に行われる班単位での「種蒔きひやり」で班長の交替などが確認される。また、7月には役員立ち会いのもとで、区有文書の虫干しが行われている（写真3-12）。

浅間神社の祭礼では、まず宮薙《みやな》ぎで草刈り・掃除などの準備を行い、幟番《のぼりばん》が幟用の柱を立てる。祭礼前日の夜が宵祭りで、各戸から灯明料と人形《ひとがた》が納められ、神主が参拝者と人形のお祓いをする（このため「大祓い」ともよばれる）。そして、祭礼の翌日には後片付けと慰労会が行われる。綱田集落が参加する玉前神社祭礼の際にも、宮薙ぎ・祭礼・後片付け（「上がり祭り」）という流れは同じである。集会時の食事を準備をする肴番《さかなばん》は、幟番とともに班の持ち回りで担当され、班長の担当となる総会を含めると、この表にある行事だけで年6回会食の機会があることになる。

写真3-12　綱田区での文書虫干し（一宮町）

手前は絵図，奥に過去帳などの古文書が広げられている．集落の構成員が来し方にふれる機会となっている．2013年7月撮影．

こうした行事の多さや、祭礼の日付の固定（曜日は不定となる）は、集落において伝統を尊重する姿勢がこれまでとられてきたことを物語っている。もっとも、新型コロナウイルス感染症の感染拡大が始まった２０２０（令和二）年以降は、先祖講や正月の新年会、さらには総会や玉前神社の祭礼といった行事が軒並み中止されており、今後に向けての過渡期を迎えているといえるだろう（例えば先祖講は、２０２３・令和五年に再開されたが、神主は来なくなった）。

綱田三山講の事例

一宮町教育委員会の石造物調査（前章参照）によると、浅間神社境内には6基の石造物があり、１８１２（文化九）年と１８１４（文化一一）年の手水石《ちょうず》が1基ずつ、１８３５（天保六）年の三山碑と１９２０（大正九）年の富士登山碑が各1基ある。かつて富士や出羽三山に出発する前には、必ずこれらの石碑の前でお祓いをしていたという。聞き取りによれば、かつて綱田では富士講が盛んであり、出羽三山登拝に参加する年齢層よりも若年で必ず行くものとされていたが、現在では自然消滅したという。一方の出羽三山に関しては、集落センターに１９７３（昭和四八）年と１９９６（平成八）年に三山登拝した際の記念写真が掲げられている。前者には11名、後者には15名の男性が写っており、年齢層は40歳代を中心として、30～60歳代にわたっている。同集落では、この年代の男性がある程度の人数に達した際に、集団で三山登拝を行う形となっている。男性たちが出羽三山登拝の留守中、その妻たちは一宮町とその周辺の道祖神めぐりをしていた。

綱田集落で毎月催される出羽三山関係の行事に八日講がある（本項の記述は調査時点のもの）。これはナシの作業が忙しい4・5月（交配）および8・9月（収穫）を除く毎月8日に集落センターで開かれ、出羽三山登拝の経験を有する行人（２０１４・平成二六年現在で80歳代の男性４名）が集まっている。内容は、出羽三山の掛軸（写真3-13）を掲げ、かつての参詣時に身につけた白い行衣を着て、録音（カセットテープ）に合わせて祝詞を唱えるというものである。また一年おきに出羽三山の神林勝金が檀廻に訪れ、同様の行事を行う（写真3-14）。現在、同集落内には、八日講参加者以外にも行人が約25名おり、年始や

写真 3-13　綱田八日講の掛軸（一宮町）

手前には特産のナシなどが供えられている．掛軸には多くの神々の名が見える．2013 年 3 月撮影．

写真 3-14　綱田八日講における祈祷（一宮町）

正面奥で祈祷を行っているのが，出羽三山御師の神林勝金．三木（2016）を引用，2013 年 3 月撮影．

檀廻の際にはその数を合わせた札が配られている。行人の家では、新年になると、三山参詣時に買った掛け軸や送られてきた札を床の間などに掲げることが多いとされる。

八日講が行う前記以外の行事に、毎年6月28日の虫送りがある。これは梵天（前述）1本と、小さい札つきの竹（30本）を集落各所の水田に立てて歩くというものである（写真3-15）。集落センターには1958（昭和三三）年の虫送り時の写真があり、これには12名が写っているが、筆者が見学した2014（平成二六）年には八日講と同じ4名で行われていた。かつてこの時期は草取りの時期だったが、虫送りが鉦（今はない）を叩きながらやって来ると、「祈祷をしてもらうのに田んぼの中にいては失礼だったから」、農作業を中断して家に戻っていた。さらにそれ以前には、この日は虫祈祷とよばれる休日であった。「子どもの頃に虫送りを見た時は、年寄りがムッとした恐い顔で大勢ぞろぞろと歩いていたから変に思っていた」という（宇野）。表3-4（1835・天保六年の綱田の年中行事）でも五月に「虫送り」が確認でき、この行事がすでに19世紀から存在していたことがわかる。なお虫送り時の梵天は、10月8日の八日講時に回収され、浅間神社境内の三山碑の脇に立てられる（「梵天返し」とよばれていた）。集落センター付近にかつてあった行屋では第二次大戦前まで寒行も行われていたほか、浅間神社祭礼前日の夕方には、行人も参加して大祓の儀式が執行されていた。また、行屋に祀られていた不動像（綱田不動尊）は、現在は集落センター内に

写真3-15　綱田八日講による虫送り（一宮町）

行衣を着た講員が水田の脇に札をつけた竹をさしている（カバー参照）．三木（2016）を引用，2014年6月撮影．

安置され、毎月27日には70歳前後の女性たちによる「不動様」の行事が行われる（不動様の行事と念仏行事を合わせて行う月もある）が、大正期までは縁日の3月28日に、「村の老婆達が晴れの衣装姿で前日からお籠りをして念仏を唱え、祭礼当日は、踊りなどもあって賑わった」という（『続　ふるさと』、現行の年中行事表3‐5をみても、3月28日には集落の行事として「不動祭」が行われている）。ほかにも、同書や山本宣尚の調査によれば、綱田集落内にかつて十八夜神社があり、10月18日の祭には三色の餅を供える習わしがあったという。この十八夜神社のそばにあった松の大樹は九十九里沖を通る船の目印になっていたが、明治期の暴風雨によって社も松も倒され、今は石祠だけが残されている（写真3‐16）。年不明のこの石祠には、梨栽培の導入者である関 宗助の名が刻まれている。同社近くには塚の跡とされる二つの盛り土があり、出羽三山参詣前の行人は道中無事の祈願のためにここへ参っていたという。

千葉県各地でみられるように、綱田集落においても、行人の葬儀には一般の人と異なる形式が見受けられる。すなわち、行人の葬儀の際には、死者には出羽三山登拝時の白衣が着せられ、行人専用の念仏が唱えられるほか、行人仲間が白衣で参列し、埋葬時には神主の祝詞の後に行人だけで残って専用の祝詞をあげることになっている。また、虫送り時と同様の梵天が墓の脇に立てられる。これについては、先に取り上げた『南総珍』にも、「又死者にして、若し行人即ち出羽三山参詣者なれば、此日（葬儀の日…筆者注）同行者一団を為して、死者の為め、別に一種の葬式を営むなり」とある。さらに行人

写真3-16　十八夜神社の石祠

現在はここに参る人はいないが，建立者の関 宗助の家人によって，周辺の草刈りがなされている．2021年1月，関 信夫氏撮影．

に限らず、葬儀の1～3日後に遺族によって坂東札所の清水寺（写真2－2参照）への参詣がなされることもこの一帯の特徴である。その意味に関して『一宮町史』は、清水寺参詣時に「本堂内の鏡に参詣者の姿を写すと、亡者側から参詣者に最後の対面ができるとも伝えられ、観音の応現によって亡者の来世の安楽を願うという趣旨であったと思われる」と記している（この「清水観世音御宝前御鏡」について、『極楽道中記』には「御鏡は　影のうつろふ　斗にて　中へも入れず　外へも出さず」という歌がある）。

このような長生地域における諸事例をまとめていくと、同地域の三山講は男性老人の集団として、単なる登拝講ということにとどまらず、集落社会のなかでさまざまな役割を果たしてきたことがわかる。その際、三山講を含め、性別・世代ごとに分かれたいくつかの講集団が併存してきたことは、地域の性格を考えるうえで大きな特徴といえるだろう。

第4章

信仰の重層性と地域社会

写真 4-1　西春法師入定塚
（南房総市）
2013 年 3 月撮影.

（1）海と信仰

熊野信仰と出羽三山信仰

前章では、長生《ちょうせい》地域を中心に房総半島における出羽三山《でわさんざん》信仰のありようを述べてきた。出羽三山信仰は、長生地域において19世紀までに広く浸透していたとみられ、現在でも八日《ようか》講などの行事が続けられている集落がある。八日講参加者、すなわち出羽三山登拝者は、行人として地域社会で重きをなし、集落内の虫送りや雨乞いなどで宗教者的役割を果たすほか、行人の死亡時には独自の葬儀が執り行われる。また、百八社参りや梵天《ぼんでん》供養などにより、出羽三山信仰が地域内の交流を生み出していることも興味深い。本章では、そのような形で房総半島に同信仰が浸透した要因について、同半島における文化的・社会的基盤とかかわらせながら考察していく。

信仰の面で歴史をさかのぼってみると、房総半島は、海上の文化伝播により、早くから熊野信仰を受容していた。１９０６（明治三九）～１９２７（昭和二）年の各郡誌に基づく集計（乾克己）によれば、千葉県には２３３社の熊野社が確認でき、長生郡には30社と、安房《あわ》郡36社に次いで多くみられる。仏教的説話集の『沙石《しゃせき(させき)》集《しゅう》』（１２７９～８３・弘安二～六年成立）に、上総《かずさ》国市原《いちはら》郡高滝《たかたき》（現、市原市）の地頭が「熊野へ年詣《としまうで》」に娘と参じていたという話があるのも、房総半島における熊野信仰の一証左といえる。この話では、この娘に懸想した熊野の若い僧が上総に渡ろうとして、「鎌倉すぎて、むつら（六浦…筆者注）と云ふ所にて」、便船を待つ間に夢を見ることになっており、「はじめに」（以下、序章とする）で述べたような内海交通路の存在が物語の舞台背景におかれている。また、下総国匝瑳《そうさ》郡の南条庄は紀伊熊野山領で、千葉氏一族の常広（匝瑳八郎）の子、宗光が紀州湯浅氏の養子となり、その息子の宗景が匝瑳南条庄の地頭として下総湯浅氏を名乗ったという（「千葉大系図」）。この庄域にあたる宮本村（現、匝瑳市）の熊野神社は、南条庄一二郷の総鎮守とされている。

熊野信仰の海上交通による伝播については、同信仰の受容が高知・宮崎・鹿児島・長崎各県などの西日本沿岸と静岡・千葉両県などの東日本沿岸に顕著であることが堀 一郎によって指摘されている。さらに伊勢信仰についても、千葉県各地で神明神社や伊勢講の存在が報告されており、熊野信仰と同様の海上交通による信仰の伝播が想定されている。彼による「宗教史の側においては、信仰の伝播の事実は、従来かなり漠然としか考えられておらず、ことに陸路の交通による伝播交流にのみ力が注がれてきている。しかし他方海に囲まれたわが国では、宗教史の海上交通について、さらに調査と考察を深めねばならぬことに気づかしめられる」という課題の提示は示唆に富む。熊野社の社領や末社が「黒潮の道」沿いに広く分布し、熊野社神人《じにん》の海民集団（熊野海賊）が西へ東へと活動していたことについては、網野善彦による推察もある（他方、金比羅《こんぴら》信仰は瀬戸内から西廻り航路に沿って伝播していった）。

同じく堀は、「東北地方では近世、羽黒山伏がしばしばその霞場において、熊野山伏との間に縄張り争いや妨害事件を起した事実」があったことや、熊野比丘尼《びくに》の活動、語り物および木地譚《きじたん》をともなう熊野信仰の東北地方への流布を指摘している。事実、１９５２（昭和二七）年の「神社明細帳」による集計（池上廣正ほか）では、和歌山県と東北地方に熊野神社の広範な分布がみられる。すなわち、熊野神社の数が多いのは福島県（２６９法人）・千葉県（２３９法人）・山形県（１２６法人）の順で、県内比が高いのは宮城県（19・8％）・山形県（18・1％）・千葉県（18・0％）の順である。千葉・山形両県が数・割合とも上位であることは、出羽三山信仰の千葉県への浸透を考えるうえで特筆される。古くは室町初期成立と推定される『義経記《ぎけいき》』の「判官北国落の事」において、「越後国直江の津（現、上越市…筆者

注）は、北陸道の中途にて候へば、それより此方《こなた》にては、羽黒山伏の熊野へ参り下向《げかう》するぞと申すべき。それより彼方《あなた》にては、熊野山伏の羽黒へ参ると申すべき」という台詞があり、前章でも述べたように熊野と出羽三山が古くから修験道の二大勢力として認識されていたことをうかがわせる。

東北地方における熊野と出羽三山

２００６（平成一八）年、東北歴史博物館と秋田県立博物館では、「熊野信仰と東北」展が開かれた。東北地方で熊野信仰が盛んであることをうけた特別展で、その図録によれば、同地方における熊野信仰は平安時代にさかのぼり、持ち運びに便利な御正体《みしょうたい》が多く残されているという。その理由として、熊野信仰がはるばると遠方から勧請《かんじょう》されてきたこと、また海岸部のみならず内陸の河川流域でもみられる熊野の漂着・上陸伝承との関連が想定されている。

さらに、同図録の解説編に収められた「東北地方の熊野信仰と出羽三山信仰についての覚書」は、東北地方における両信仰の密接な関係を以下のように詳述して興味深い。いわく、熊野三山では、平安時代以降の神仏習合にともない、本地垂迹《すいじゃく》説によって本宮（阿弥陀）・新宮（薬師）・那智（千手観音）という熊野三所権現の形が確立された。これとは別に、東北地方の熊野信仰ゆかりの寺社では、千手観音にかわって聖《しょう》観音を祀る事例が散見され、その要因は聖観音を本地とした羽黒山《はぐろさん》を含む出羽三山信仰の存在に求められる（ほかは月山《がっさん》（阿弥陀）と葉山《はやま》または鳥海山（薬師））。そのうえで、「出羽三山信仰とは、出羽国において熊野信仰を受容し、それを出羽国の歴史的、地理的環境に即して変容せしめたもの」で、東北地方では12世紀頃から現在まで、「熊野信仰と、熊野信仰の変容といえる出羽三山信仰が併存、混在している」と記している。ただし、出羽三山では、江戸時代になると、大日如来を本地とする湯殿山《ゆどのさん》の勢力が台頭し、鳥海山ないし葉山が三山の枠組から外れた。さらにその過程で、湯殿山の大日を中尊とし、月山の阿弥陀と羽黒山の聖観音を脇侍《わきじ》にするという変化がもたらされた。これはある意味で、出羽三山の熊野からの相対的な独立を意味すると考えられ、千葉県域の三山碑でも、江戸時代のものは湯殿山を中央に記すものが多い。なおこの体系は明治初年の神仏分離によってふたたび変化し、それ以降の石碑等では月山を中央に記すものが多くなっている。

なお、東北地方太平洋側における熊野信仰の伝播をうかがわせる事例として、岩手県の民謡「牛方節（南部牛追唄）」の歌詞に関する指摘がある。民謡の歌詞は歳月とともに変化を重ねることが多いが、1925（大正一四）年に記録された「牛追唄」のなかに、「今度くるなら　もってきておくれ　奥の御《み》山《やま》のなぎの葉を　こらさんしゃい」という一節がある。この「なぎの葉」について、佐々木幹郎《みきろう》は「紀州の熊野神社でご神木となっている「梛《なぎ》」の木の葉ではないか」と推測し、熊野参拝者が帰路の道中安全を願い梛の葉を護符として袖や笠につけていたこと、また鎌倉の鶴岡《つるがおか》八幡宮でも梛が神木とされ、音が「凪」に通じるとして航海安全の祈願対象となってきたことをあげている。梛の生育の北限が関東地方南部であることから、熊野など遠方からの梛の葉の持ち帰りを牛方に頼んだ歌詞と考えられている。なお、この梛の葉は、「昔から悪魔除け、夫婦和合のおまじないとされていた」ともいう（『日本民謡事典』）。

補陀落渡海・土中入定・行人塚

熊野信仰のうち、海と直接かかわる要素として、補陀落《ふだらく》渡海があげられる。これは、那智山から流れる那智川の河口近くにある補陀洛（補陀落）山寺の浜から、観音が住むという南海上の補陀落浄土での再生を願って死出の船出（渡海入定《にゅうじょう》）に旅立つというもので、9世紀より断続的に行われた。この補陀落渡海は、熊野のみならず、足摺岬や室戸岬などいくつかの地点で確認されており、坂東巡礼の結願寺《けちがん》である那古寺《なごじ》の補陀落山という山号（第2章参照）も、房総半島の南端近くにあるという同寺の位置と合わせ、「海上他界」ともいうべき信仰のつながりを感じさせる（列島各地でみられる精霊舟《しょうりょうぶね》や盆舟の風習も、「海上他界」の考え方に通じるものであろう）。

こうした究極的な捨身行が、出羽三山の湯殿山では土中入定による即身仏への信仰として表出される。湯殿山には「一世行人」とよばれる修行専門の行者がおり、彼らは人々の苦しみを一身にうける「代受苦」の精神のもと、穀断ちの木食行を経て土中で成仏し、そのミイラ化した遺体が即身仏として崇拝された。出羽三山の所在地である庄内地方には、17～19世紀に入定したとされる即身仏が6体残っている。真言宗の開祖である空海は高野山奥の院で即身成仏を果たしたとされており、湯殿山の即身仏信仰もそれをうけたものと考えられている。このような土中入定のいわれを有する入定塚ないし行人塚は日本各地に残されており、その数は５００弱に上る。行人塚伝説の主人公は、行者に限らず六十六部・巡礼者・山伏・僧などに及び、自ら入定した「自埋型」と、他人によって埋葬供養された「他埋型」に大別される。

千葉県安房地域の行人塚（入定塚）についてまとめた松崎憲三によれば、対象となった8基の入定塚の入定年は１６６７（寛文七）年から１８５７（安政四）年にわたる。このうち最古の西春法師入定塚（現、南房総市：章扉の写真４-１）は、地元の篤い信仰対象となっており、命日である旧暦三月一八日には盛大な供養とともに、「入定市」と称する市も開かれていた。また、１７７８（安永七）年入定の慈眼法師入定塚（現、鴨川市）も、「火除の仏様」として村人の信仰を集めているという。長生地域でも、例えば茂《も》原《ばら》市真名《まんな》（図１-１参照、写真４-２）には上人塚があり、同地出身の高僧の墓、または日蓮宗に改宗しなかった僧侶たちを生き埋めにした塚といった伝説がある。なお、この上人塚周辺は茂原市の最高地点（標高123m）であり、九十九里浜を行く船の目標になっていたという。

このような専門的宗教者を葬った行人塚とは別に、千葉県内には三山講「行人」の集団墓地としての行人塚が各地に残っている。岡倉捷郎《かつろう》は君津市三直《みのう》の行人塚を調査し、湯殿山供養塚（年不明）を中心とする39基の行人墓を確認している。年不明の3基を除く行人墓36基の年代は、その半数を占める18世紀前半のものを中心に、1687～1870（貞享四～明治三）年にわたっている。これらは湯殿山に帰依する行人の集団墓地であり、厳密な意味での行人塚（入定塚）というよりは供養塚とよぶべきもので、「湯殿山の神霊に守護されながら、行人の死霊（祖霊）がやがて三山の神霊そのものに昇華してゆくという観念が、その背景にあった」と指摘されている。

日本の山岳信仰自体、山を別世界とみる「山中他界」観のうえに成り立っている。宗教者であれ俗人であれ、そのような山に分け入ることは、いったん死の世界を経験し、そこから日常世界に戻ってくる「擬死再生」の体験となる。ことに房総半島の出羽三山信仰が死との密接なかかわりのなかで展開したことは、その浸透および定着に少なからず影響を与えたであろう。

漁業と信仰

漁を生業とする人々が概して信仰に篤いことは、つとに知られるところである。これには、「板子一枚下は地獄」といわれるように、漁業が海という危険な世界で営まれることが大きく関係している。水界の霊である竜神やエビスは広く信仰を集め、漁業神として名高い香川県の金刀比羅《ことひら》（金比羅）宮や山形県の善宝寺も竜神を祀っている。また、船が海上で位置を確認する山アテ（山タテ）の際に目

写真 4-2　真名の上人塚（茂原市）
現在，ゴルフ場の敷地内にある．
2022年4月撮影．

標となる山として、金刀比羅宮の琴平山（象頭山《ぞうずさん》）や宮城県の金華山《きんかざん》も漁民の信仰対象となってきた。ほかにも船には船霊《ふなだま》が祀られ、出漁中の無事を祈る妻たちの参籠行動もみられる。さらに、漁業では漁船同士が競合的関係になることが多く、「漁運」の獲得を目指す数々の信仰行動がみられるという。農林水産業は自然を相手とする点では共通するが、「漁業は一日博打、農業は一年博打、林業は百年博打」（『TRANSIT』）という言葉があるように、漁業では生産高の多寡が最もあからさまに現れやすく、このことも漁民の信仰心を高める要因となってきた。

熊野三山の一つである那智山（熊野那智大社および青岸渡寺《せいがんとじ》）では、三重県志摩半島から和歌山市にかけての紀伊半島南岸沿いの漁民による定期的な参拝がみられる。高木大祐はその理由として、那智山に近い勝浦港で遠洋漁業船の入港が盛んであることをあげ、その範囲は三重・高知・大分・宮崎を中心に北海道から沖縄までの広範囲に及んでいる。それらの漁船が勝浦に入港した際、那智大社や青岸渡寺では海上安全・大漁祈願の祈祷や魚霊供養を行っている。近代に入って発展した遠洋漁業では、その経営規模の大きさと漁獲や安全の面での不安定さが比例するため、より活発な信仰がみられるという。この例から推察するに、江戸時代において相対的に大規模であった九十九里浜の地引網などの鰯《いわし》漁業もまた、それにともなう信仰を展開させ、そのことが地域全体にも影響を与えていたであろう。

（2）年齢階梯制と信仰集団

漁業とのかかわり

房総半島において出羽三山信仰が盛んなもう一つの要因として、同半島でみられる年齢階梯的な社会構造をあげることができる。前章で述べたように、千葉県域の出羽三山講は、地域社会における男性老人の集まりをなしていることが大きな特徴である。

　ところで、このような年齢階梯的な社会構造は、一般には西日本の海岸地域で広くみられるとされ（岡正雄）、東日本の同族的な社会構造と対比されることが多い（福武直《ただし》の表現では、講組結合が西南型農村、同族結合が東北型農村となる）。例えば筆者は沖縄県を訪れた際、街のそこここで同窓会や同期会の開催を知らせる横断幕などに目を引かれた（写真4-3）。沖縄では、同級生などによって、「模合《もあい》」とよばれる相互扶助的な庶民金融の会が今なお組織されているという（序章の経済的講、つまり列島各地にかってあった頼母子《たのもし》講や無尽講に相当する）。また、1996（平成八）年12月にNHK教育テレビで放映された『ふるさとの伝承』では、広島県因島《いんのしま》を舞台に、42歳の厄年を迎える同期生たちが集まる「初老会」の様子が収録されている。さらに山口県萩市見島でも、漁業集団の統制者たる大船頭が年功者の選挙によって選ばれたことや、集会の座席が年長順になっていたことが宮本常一《つねいち》によって報告されている。これらの例は、いずれも西日本の海岸地域に年齢階梯的な社会構造が強く根づいていることを裏づけている。近代の政府主導の「青年団」育成策において西南日本の若者組が手本とされたとする竹内利美は、宮城県・岩手県の三陸沿岸地域に多く分布する年齢階梯的な契約講（村の共有地・共有物の管理や祭礼・葬儀などの互助機能を担う）についても、性と年序による漁村の集団体系の影響があったと述べている。なお、海外にまで目を広げると、年齢階梯的な社会構造、とりわけ若者組を中心とするそれは、ポリネシア・メラネシア・インドネシアなど太平洋の島々に広く存在し、中国や朝鮮半島にはあまりみられないという。そう指摘した司馬遼太郎は、若者組（若衆制）のことを「日本社会が

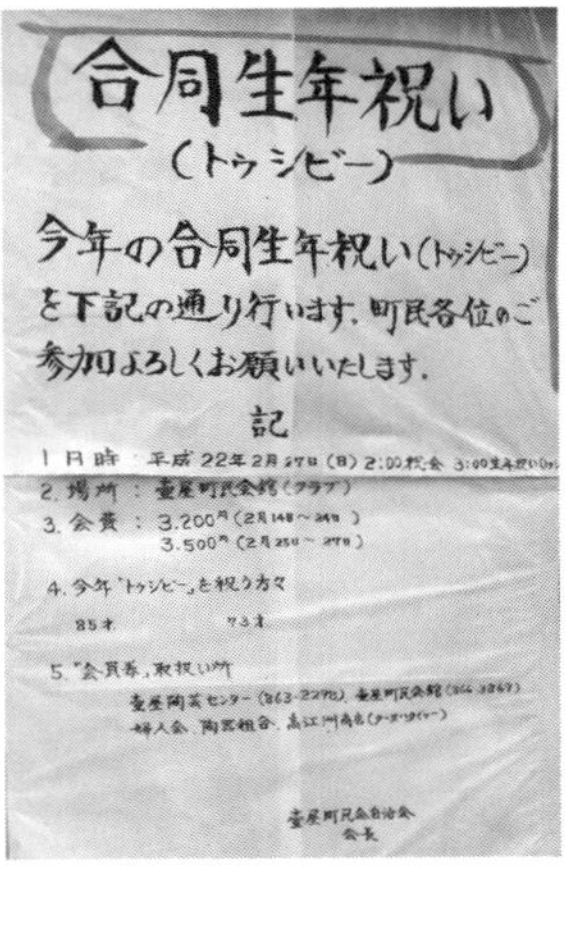

写真4-3　沖縄の「合同生年祝い」のポスター（那覇市）
写真は一部を修正している．2010年2月撮影．

いまなお冥々裡に蔵しているかもしれない暗黙文化（サブカルチュア）」であるとし、その視点から薩摩士族の「郷中」をとらえている。

こうした全国的な分布状況のなか、千葉県域では飛び地的に年齢階梯制が広く分布しており、これと漁撈との関連がかねてから指摘されてきた。漁村における年齢階梯制の成因について、例えば平山和彦は、漁業にともなって成立した年齢・性による分業ないし協業や、漁場の共同所有ゆえに漁村の家格が未発達な点に求めている。また蒲生正男も、「年齢階梯制村落」と非定着的・非安定的な農耕もしくは漁撈文化との関連を想定し、それらと夫婦関係を優先する「婚姻家族」や婿入婚・隠居制・末子相続、さらに特定の個人を中心にその縁者を組織化する状況可変的な「親類」組織化との相関を見出している。とりわけ漁村に若者組を主とする年齢階梯制が多くみられる理由に関しては、漁業収益の分配法としての代《しろ》分け制と、若者組による漁撈訓練指導の二つがあげられている（桜田勝徳《かつのり》）。実際、上智大学による東浪見《とらみ》集落大村区の調査（前章参照）でも、漁撈組織に関し、年齢による役割分担や、役割ごとの代分けの細かな区分が記録されている。それによれば、男性は15～16歳からフナカタとなって一代《しろ》分の分配に与るようになり、その後は年齢による役柄の昇進にともなって代も増加する。そして、跡継ぎがフナカタになると、その父親はボテーとよばれて陸上での仕事を担当することになり、ボテーのなかから網組の勘定役が推薦されるしくみであった。

往来物がえがく漁村

江戸時代の日本では、寺子屋の普及によって、往来物と総称される初等教科書が数多く刊行された。そのなかに、産業科往来と分類される一群があり、農業・工業・商業や諸職に関する文字の学習に用いられた。これらを集めた『日本教科書大系　往来編』は、漁業にかかわる往来物として、『浜屁《はまべ》小児教種《をしえだね》』と『船方往来』の二編を収めている。どちらも安政年間（１８５４〜６０年）頃に上総国で編まれたもので、刊行の背景には同時期の豊漁があったと想定される。

『浜屁小児教種』は、九十九里地方の今井經山（鷴川堂）の著・書で、１８５８（安政五）年に江戸の金幸堂より出板された。自序に「今予が著すところの浜屁は、国富《くにとみ》、こころをごるこころをこれば、身ほろぶゆへに、是を憐み、童蒙のあしきをこらし、よきをすすめんことをほつし、かつは遠境の人に九十九里のさまをしらしめん」とその目的を記している。本文に入ると、九十九里での漁業が「一時千金の業」で、「十歳にならぬ小児さへ、多の金銭を、暫時にもふくることなれば、長夫《おとな》はいふにいとまあらじ」というさまであると記し、その結果、「自然とこゝろ驕り、近き酒店《さかや》、旅籠屋、賭場に遊楽し、金銭を塵芥のごとくに思ひ、あるひは神詣と標し、日光、大山、江戸所々道中の傾城町に数日《すじつ》滞留」するありさまであった。このため著者は、幼少より学問に精出すことを奨励し、７〜８歳で師に入門したうえで、「いろは四十八字を揚、家名《いへな》、村名《むらな》、手紙の文通、粕・干鰯の送状等」を書き、和漢の典籍を読み、算盤の稽古を怠らないよう教えている。この記述からは好景気ゆえに軽佻に流れる向きがあったこと、また本書でみてきたような寺社参詣の旅も「遊び」と表裏一体であったことが読みとれる。跋文《ばつぶん》には、「田舎に筆道の師として、年なをわかしといへども、楽を改めず、専筆の道に倦ず、門人数百人に及べり」という著者に対して弟子たちがこの著述を乞うたいきさつが述べられており、上記の内容を含むような教育に対する需要もまた存在していたことがわかる。

もう一方の『船方往来』は、夷隅《いすみ》郡江場土《えばど》村の仁壽堂による出板で、真鍋篤行の考証によると、１８５５（安政二）年〜１８６１（万延二）年の期間に板行された。九十九里浜の南端にあたる太東崎《たいとうざき》以南でも地引網が行われており、江場土村を含む和泉村・日在《ひあり》村・塩田浦（いずれも現、いすみ市）は、「南総四カ浦」とよばれていた。本史料の内容は、「凡《およそ》平生、船方取扱文字」ということで、「先《まづ》地引船之造方」に始まり、網の種類や船具を書き並べ、「纜《ともづな》を以船ヲ引寄セ、一番、二番之水揚者《は》、是皆婦人之所業《しわざ》也」と述べる。続いて、船や網の準備、魚の種類、そして「地引網の名所《などころ》」、「船之役割」といった役割分担に筆が及ぶ。「就中肝要之心得有可キ者《は》沖合」で、晴雨や風・潮、さらに海面の色や泡、鳥の様子などを観察して「魚之寄場ヲ見定メ」る任にあたっていた。「沖合」の役割は九十九里浜にもあり、網主と「おおえんきょ（沖合などを経験した老船方）」によって選ばれる漁労長で、船上では網主も沖合の言葉に従わねばならなかった（永田征子）。『船方往来』は、さらに干鰯《ほしか》の種類やその製造用具を挙げ、干鰯が「五穀ヲ長ジ果樹を養コト、此品ヨリ過ハ無」いものであり、「近郷ノ農人ハ羽筵ヲ織粕筵ヲ編、其他縄薪等ヲ以来《きたり》鬻《ひさぐ》者、暫時《しばらく》も間断有ルコト無」と、周辺の農村を巻き込んだ賑わいを活写している。そのうえで、大漁時には万祝《まいわい》などで着飾り、「吉日良辰ヲ撰ビ、神社仏閣ニ礼拝致シ候事」を勧めている（「銚子大漁節」（第1章参照）でも、「八手《やつで》の沖合《おきあ》い　若い衆《しゅ》が　間祝《まいわい》着揃《ぞろ》えて　宮参《みやまい》り」と歌われる）。史料末尾には、「南総四カ浦」とその周辺の八手網（岩浜の沿岸漁業で使用）・地引網の網主、および地引網の沖合の姓名が列挙されている。

『浜屁小児教種』に関して、所収書の解説では、「この往来は、漁民一般というよりは、なんらかの意味で、かれらを指導する立場にあった、いちだん高い階層のひとびとのために作られた」と目され、「漁村を対象として、これだけの初歩教科書が作られたということは、教育史のうえで、刮目すべきことがら」としている。この点は『船方往来』にも共通し、漁業を営むうえでも実用的な識字能力が必要になってきた当時の状況を伝えている。

年齢階梯制の地域社会

「生業を基盤とした社会組織のイデオロギーは、遠い昔から日本人の心に拘束的影響を与えながら現代に至っているといえよう」(蒲生正男)といわれるように、長生地域における年齢階梯制のしくみは、生業とかかわる場面にとどまらず、地域社会における広い意味での枠組として機能した。第1章で述べた玉前《たまさき》神社祭礼時の「年序階級の活躍」も、同地域における年齢階梯的社会構造の一つの現れととらえられよう。

前章まででみてきたように、房総半島において出羽三山信仰が盛んな地区が必ずしも漁業にたずさわっているわけではない。しかしながら、内陸部の集落であっても生活のさまざまな面で沿岸部との交流があったことは『船方往来』にもあった通りである。一例をあげれば、上智大学が調査を行った東浪見集落大村区には、「ヨメは南から」という言葉があり、九十九里地域よりも綱田《つなだ》集落やその南の夷隅郡からの婚入が歓迎されていた。その理由は、「南の女はよく働くのに比べ、北の女は贅沢で虚栄心が強いから」というもので、東浪見地区と同じく地引網漁業を行っていた地域との通婚は評価されていなかった（前項『浜屁小児教種』の内容に合致する）。その一方では、一宮町原地区（前章参照）のような農村部でも、年齢階梯制が強く作用していた事例がみられる。沿岸部に限らず、千葉県内の各集落に青年館が多く建てられていることは、少なくとも過去において年齢階梯制が広く浸透していた傍証となろう。

年齢集団についてまとめた関 敬吾によれば、その年齢区分は大きく子供組・若者組・中老組・老年組の四つに分類される。そして、老年組には宗教的な色彩が濃厚で、その会合を盛大に行う傾向をみせるのは、「つぎの会合にだれか欠けるもののあることを予想するからだという」。この指摘は、房総半島において一般に老年組の組織と認められる出羽三山講がとくに盛行した要因の解釈として、十分に適用可能なものといえよう。葬儀時に霊山の登拝者を別格に扱う方式については、ほかの地方にも類似した例があり、やはり漁村であった三重県北牟婁《きたむろ》郡須賀利《すがり》村（現、尾鷲《おわせ》市）では、死者に供する飯を炊く際、熊野参詣経験者のみ普通の飯でもよく、それ以外の場合は雨だれの落ちるところで飯を炊いたという（柳田編）。弔事において霊山参詣の経験を尊重するというこの事例は、紀伊半島と房総半島を結ぶ「黒潮の道」の存在や、熊野信仰と出羽三山信仰の類似性をうかがわせる。

宮本常一は、その『忘れられた日本人』のなかで、西日本に多い年齢階梯制の社会では非血縁的な地縁集団が比較的強く、互いの結合を強めるための地域的な集まり（寄りあい）が発達したと指摘している。また、その寄りあいのもとが宗教的な結衆であったこと（年齢や神事にかかわった経験年数にもとづく階級が尊重され、「祭祀長老制」の性格を有する宮座組織も西日本に多い）、戸主・主婦・年寄り・若衆・娘など多くの集まりが村の中に層序をなしていたこと、そして「年齢階梯制の濃厚なところでは隠居制度がつよくあらわれるのが普通」であったことを、各地の事例を引きつつ述べている。「こうしたことを通じてみて、年よりの村の中でしめる位置がはっきり」し、「年よりは村の政治的な公役から早く手をひくが、祭礼行事などにはたずさわる」という。奈良市奈良阪《ならざか》の民俗調査（関沢まゆみ）による事例では、45歳以上の男性からなる宮座に初老・中老・老中という席次があり、さらに老中は最長老から一老・二老・三老と並ぶ。奈良阪の男性たちにとっては、下積みを経て老中の座に上がる63歳の正月を迎えること、さらには長生きして一老となることが目標となっている（老中の構成員が亡くなった場合、宮座による葬儀の手伝いのほか、老中による出棺の立ち会いや葬儀後の供養をうけることができる）。同様の事例は滋賀県水口《みなくち》町北内貴《きたないき》でも福田アジオによって紹介されており、ここでは集落の年中行事の大半を十人衆という組織が執行している。この十人衆は、集落の男性を年長順に10人組織したもので、その最長老はワンジョウとよばれる。十人衆は集落の長老としての権威を保ち、集落の寄りあいである参会では事前に意見聴取が行われる（共有地や社寺関係の問題ではとりわけワンジョウの意向を確認する）。こうした数々の記述は、房総半島における男性隠居の集まりとしての出羽三山講を考えるうえで、貴重な示唆を与えるものといえよう。

「半島性」と信仰

房総半島は、熊野信仰や年齢階梯制など、古くより西方からのさまざまな影響を強くうけてきた。第1章で取り上げたように、房総沿岸部の各地には紀州からの移民が定着したが、その際に彼らはさまざまな形で故郷の文化を持ち込んだ。その例としては、九十九里浜一帯における鰯《いわし》のくさりずし（なまなれ）や、「クスリユビ」の方言「ベニサシユビ（ベニツケユビ）」の伝播があげられる。前者は、紀州漁民が故郷の馴《な》れずしを五島《ごとう》列島や九十九里浜沿岸に持ち込んだもので、五島では「紀ずし」とよばれるという。また、後者を図4－1によって確認すると、その分布は東日本の「クスリユビ」類と西日本の「ベニサシユビ」類に二分され、その外側には「ナナシユビ」類や「無回答」という地域がある（ちなみに中国語では「無名指」である）。12世紀前半に成立したと推定される『今昔物語集』巻第一一の「天智天皇、志賀寺を建てたる語《こと》」には、天皇が「右の名無し指《および》」を灯明にしたとあり、方言周圏論に従えば、「ナナシユビ」・「クスリユビ」・「ベニツケユビ」の順で名称が出現したことが想定される。「クスリユビ」は薬師如来の印相で右の第四指を曲げることに由来する「クスシノユビ」（13世紀に出現）から派生したもので、「ベニサシユビ」は１６０３（慶長八）年の『日葡辞書《にっぽ》』に現れるという。ここで注目したいのは房総半島に西日本発祥の「ベニサシユビ」が分布していることで、この飛地的な伝播は紀州移民の影響によるものと説明されている。江戸時代、西廻り航路によって出羽国の紅花による「ベニ」が上方に運ばれたことも思い合わせれば、はからずもこの一枚の分布図は江戸時代における全国的な人や物の流れをみごとに映し出している。なお、紀州移民による方言伝播の例としては、ほかに「おおきに（ありがとう）」や「すくも（もみがら）」が指摘されているほか、「さっぱり」の方言分布図（松本修）における「イッコ（モ）」の分布域をあげることも可能である。

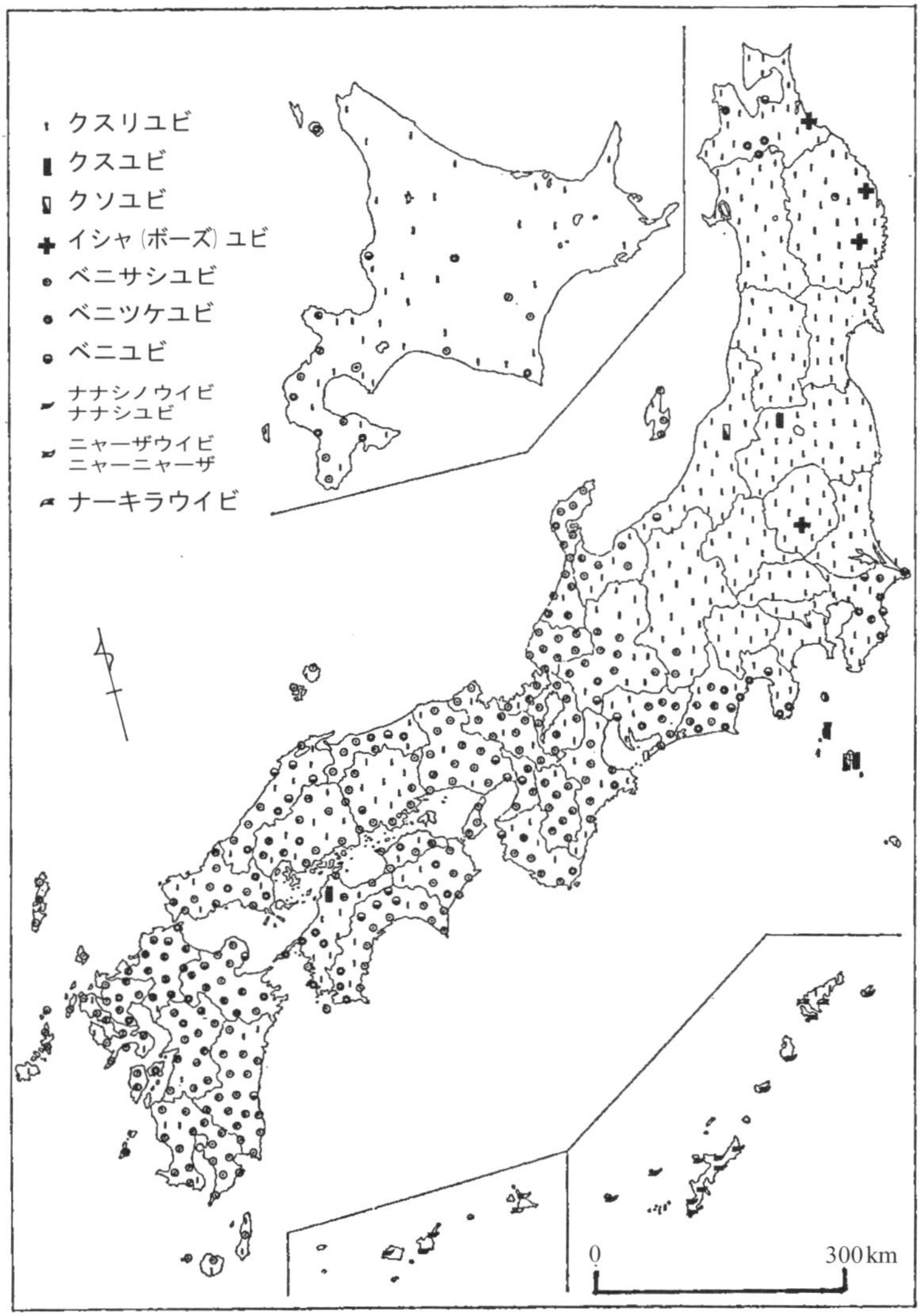

図 4-1 「クスリユビ」の方言分布図　徳川編（1979）より引用.

関西漁民の出漁は、地引網のような漁撈技術（第1章参照）だけでなく、例えば埋葬墓と石塔墓を分ける両墓制のような習俗をも房総半島にもたらした。千葉県は関東地方でもっとも濃密に両墓制が分布する地域であり、長生郡長柄《ながら》町や夷隅郡御宿《おんじゅく》町にその例がみられる（御宿町では埋葬墓地を近畿地方と同じく「サンマイ」とよぶ集落がある）。中村国香《くにか》の『房総志料』（第2章参照）は、「房総負海の砂民の習俗、盡く南紀の人にならへり。いかんとなれば、賀多・須原（いずれも紀伊の地名で加太《かだ》・栖原《すはら》…筆者注）の漁師、湯浅・和歌山の商売、半雑処すればせ。中元のおどりなど云るも、彼土の俗を伝ふ。是則、他なし。其俗脆薄の致す所、かく旧俗のあらたまりぬること、よからぬことせ」と、紀伊からの影響をうけて盆踊りなどの旧俗がなくなることを批判している。18世紀後期という『房総志料』の執筆時期を考えれば、紀伊・房総間の人の動きや、それによる文化の交流や摩擦が継続的であったことがうかがえて興味を引く（得てして「ハレ」の場で新奇なものが人気を集めやすいという現象は、今日の海外における「盆踊りフェスティバル」の流行や、日本でのハロウィンの盛行などを想起させる）。

さらに、房総半島で大型化された地引網や、やはり紀伊から安房に伝えられたカツオ節製造のように、房総で改良された技術が東北地方に伝播したり、逆に三陸のイカ釣り漁法が房総に伝えられたりと、海を介した北方との技術交流も盛んであった。それに付随する文化面での交流の一例に大漁祝いの万祝があり、これと同様の形を有する祝着は静岡県・伊豆諸島から北海道函館市にいたる太平洋沿岸の各地にみられる。明治期から第二次大戦前頃まで、大漁になると伊豆や三陸からも房総の紺屋へ万祝が発注された史料が残されている。また、江戸から伝播して地方色が加えられた一宮町東浪見地区の「東浪見甚句（二上り甚句）」が、やがて三浦半島や宮城県気仙沼に伝わり、それぞれ「三浦甚句」・「遠島《としま》甚句」として受け継がれている。この「東浪見甚句」について、『一宮町史』は九十九里浜沖の帆船に干鰯を荷揚げした後に納屋で歌う祝い歌であると推定し、東北地方への伝播の背景に干鰯と東北地方産の大豆との交換をあげている。この唄は、大漁時の神参りや不漁時の祈願で東浪見寺の「軍《ぐん》茶利《だり》様」に参拝（事前に鰯のなかで寝転んで身を鰯の鱗《うろこ》で染めた）した後の宴で歌われた酒盛り唄といい、その習わしは宝暦年間（１７５１〜６４年）に始まったと伝えられる（『日本民謡事典』：ほかにも子安《こやす》講などで歌われた）。

さて、江戸時代に入って関東地方に出羽三山信仰が伝播した際、房総半島では、そのような文化的・社会的基盤と同信仰とが強い親和性を発揮した。つまり出羽三山信仰は、それまで存在していた熊野信仰の代替的な役割を果たしたと推測される。筆者は、かつて千葉県銚子市を調査した際、その一帯が江戸時代の間に「黒潮文化圏」から「利根川文化圏」および「親潮文化圏」への指向を強めることを指摘した。第1章で房総半島における干鰯流通に関して同様のことを指摘したが、とりわけ東廻り海運によって東北地方との交流が盛んになっていったことは、同半島における出羽三山信仰の浸透にも少なからぬ影響を与えたであろう。

そして出羽三山信仰は、年齢階梯的社会のなかで死と最も近い距離にある老人の集団に受け入れられていった。ことに、同信仰が地域社会における男性老人の集団に支えられたことは、現在まで続く信仰の持続性にもつながったと想定される。この意味で、「出羽三山と山伏」展の解説書（前章参照）に収められた長南《ちょうなん》町蔵持の出羽三山講員の言葉は、房総半島の地域社会における同信仰のあり方を端的に物語るものといえる。「講は半分信仰で半分親睦。女房のいないところで酒が飲める場所で、神仏を考えるのは時々。ただ、村の重鎮の集まりでもあって、ここで重要なことが決まったりする。ちゃんとした家の世帯主しか入れない、和を乱すような人は入れない暗黙のルールがある」。

第5章

むすびにかえて

写真 5-1 「荻生徂徠勉学之地」（茂原市）

1679（延宝 7）年，江戸追放刑をうけた父に従って，母の実家があった長柄郡本納村に移り住み，1692（元禄 5）年までの 13 年間をここで過ごした．2022 年 4 月撮影．

（1）最期まで生きるために

中高年層と宗教

ここまで述べてきたように、房総半島では、さまざまな信仰対象に対する信仰が重層的に存在していた。そのなかで、とりわけ第3章と第4章で中心的に取り上げた出羽三山《でわさんざん》信仰に関しては、地域における男性老人集団に支えられてきたことをみてきた。これをふまえ、終章では、さまざまな分野に目を配りつつ、本書で取り上げてきた諸事例が有する意味や、文化地理学・歴史地理学の役割について展望していきたい。

周知の通り、ガウタマ＝シッダールタ（ブッダ）は生・老・病・死の四苦に悩んで出家し、やがてはそれらを苦諦（四諦《したい》の一つ）として認識することが初転法輪（最初の説法）における教えの一部となった。年齢を重ねるほど、宗教への関心が高まるのは古今東西に共通している。フランスの哲学者メーヌ＝ド＝ビランは、1818年6月6日・7日の日記を、以下のように書きつけている。

もし、人間たちは歳をとるにつれて宗教的になり或いは信心深くなる、とひとが言うとすれば、それは彼等が死と、他の生において死に続いて起こるに違いないことについて恐怖を持つからである。しかし私はと言えば、私は、如何なる類似の恐怖も抱くことなく、想像力の如何なる影響も受けることなく、宗教的感情は年齢が深まるにつれて発展し得る、ということを意識する。何故かと言えば先ず、情念が静められ、想像力と感受性が刺激され或いは刺激に反応することが少なくなるからであり、理性がその行使において動揺させられることがより少なくなり、理性をとらえて離さない諸々の形象や心の変容によって曇らされることが少なくなるからである。

恐怖か理性かという理由はともあれ、老境にさしかかった人間の宗教的傾向の高まりを鋭く見抜いた一節である。

この文章は、ディストピア小説の名作とされるオルダス＝ハクスリーの『すばらしい新世界』（１９３２年）で引用されている。もっとも、メーヌ＝ド＝ビランの名が登場するのは、「若くて元気な時期を人生の終わりまで持続する」ことを可能にした未来社会において、「猥褻な古書」として禁書扱いされた過去の宗教書や哲学書の著者としてである。現代社会でも、「若くて元気な時期」を持続することに高い価値がおかれ、そのために多くの人が大なり小なり努力や費用をつぎこんでいる（なお、ハクスリーが同作中で西暦（ＡＤ）の代わりにフォード紀元（ＡＦ）を用いていることは示唆に富む）。

しかしながら、少なくとも当分の間、生物としてのヒトが老いて死にゆくという冷厳な事実は動かしようがない。アメリカ合衆国の医師アトゥール＝ガワンデは、終末期をテーマとした著書『死すべき定め』において、人がその最期に人生を振り返るときに、「記憶する自己」が「人生のストーリーが全体としてどのようになっているか」を認識しようとし、「全体は最終結果から深い影響を受ける」と述べている（スポーツ観戦でひいきチームが最後の最後で逆転された例があげられている）。そうであるとすれば、単に「老いてなお盛ん」を称揚するだけでなく、どのように人生の下り坂を歩むのかがもっと問われねばなるまい。

ガワンデは、同じ著書のなかで、病気と老齢に関する恐怖として、「ただひたすら耐え抜くしかない喪失に対するもの」とともに、「孤立に対する恐怖」をあげている。そのうえで、死を自覚した人が、他者との関係を維持するなど、「可能なかぎり、世界での自分の人生の物語をそのままつむぎさせてほしいと願う」こと、また彼の患者が、「日本語に「業」と言う言葉がある」ことを引いて、「何かが起こることになっているならば、人には止められない」と語っていたことなどを記している。人生の残り時間が徐々に少なくなっていくなか、人間としての尊厳を保つ重要な一要素に他者との関係があり、それを保つことによって死にともなう孤立への恐怖は幾分なりとも和らげられよう。日本におけるホスピスの草分け的な医師である柏木哲夫の『老いを育む』も、人間の存在の要素に身体・こころ・社会・魂の四つがあり、老いて死を意識せざるを得なくなるにつれ、とくに最後の魂の問題が重みをもってくると指摘している。同書内で柏木と対談した鎌田 實《みのる》は、この指摘をふまえたうえで、「自分の老いや、老いの向こう側にある死について、自分だけじゃなく、家族や近所にまで納得させている人は強いなと感じた」と述べている。

とりわけ変化の激しい現代社会では、次々に登場する新たな技術や生活様式を比較的柔軟に取り込む若い世代に対し、年長者は置き去りにされがちである。現代経済の痛烈な批判者であったシューマッハーは、途上国への開発援助を扱った論文（１９７０年初出）のなかで、「たとえば、父親が息子に教えることがなくなるとか、息子が父親から受け継ぐものが何もなくなると、家庭生活は崩壊してしまう」と述べ、生活や仕事・幸福を支える「心理的構造」が傷つくと、「社会のまとまり、協力、相互尊重、とりわけ自尊心、困難に立ち向かう勇気や忍耐力」といった美徳が失われるという。彼の言を借りれば、「人は自分が役に立たないと思いこんだとき、駄目になる」のである。このような世代間の断絶は、新しいものへの目移りが当時の途上国に限った現象ではない以上（むしろ近年のグローバル化の進展は目移りを加速させている）、現代世界に普遍的な問題といってよいだろう。医療技術の改善や普及によって寿命が延びたとしても、それが単に孤立感や寂寥感を深める結果にならないよう、さまざまな側面からの手立てを考えることは、現代において解決すべき喫緊の課題である。

この課題の解決策を考えるとき、日本のみならず、世界各地の伝統社会のありようを顧みることは有力な示唆を与えてくれる。長年にわたりメキシコ南端のインディオの村で現地調査を行った清水透は、「カルゴ＝システム」とよばれる村役の任命制度と内部統治のあり方について以下のように説明している。すなわち村役は、行政の担当と宗教上の役職という二つの系列に分かれ、村長がその双方を統括する。どちらの系列にも何段階かの階梯があり、行政上の役職者を選出する際には宗教上の役職経験の有無も重要な判断材料となる。そして役職の階梯を上りつめると、村人からパサード（役職経験者）として尊敬され、とくに信頼されるパサードは役職者の顧問役である「長老」となってさまざまな相談にあずかる。この長老を頂点とする経験知重視の原理が、村役の負担公平の原理、役職者の村への奉仕の原理とならんで、カルゴ＝システムを支えているという。ここでのパサードや長老の尊重は、前述の「一宮町三山敬愛教会規約」における元老・相談役に対するそれとの類似性を思わせる。日本でも、「まつりごと」という言葉が祭祀と政治の両義性を兼ねそなえているように、その両者が重層化して伝統的な地域社会の自治を長い間支えてきた。そこに家父長的な要素が含まれていたことには留意すべきだが、伝統社会における年長者の経験知への敬意に関して、現代社会が見習うべき点もあるだろう。

同世代集団と居場所

他者とのかかわりを保つうえで、年齢階梯制による同世代ないし同年齢の集団は、大きな役割を果たしてきた。日本の社会は長らく「タテ社会」であるとされ、たしかに企業などの組織内でその伝統は根強いが、同世代によるヨコのつながりもそれなりに存在し、競争原理がはたらく「タテ社会」を緩和したり、その休憩場所を提供したりしてきた。社会学者の鳥越皓之《ひろゆき》は、農村社会に構造として強いタテの関係があること、国内に地域差はあるがタテとヨコの関係が相補的に存在していたことをふまえたうえで、「一般に想定されるよりも、農漁村ではヨコの関係が大切でした」と述べている。前章で引用した司馬遼太郎に従えば、「戦後は、官公庁や会社というオトナ体制と労働組合との関係をそういう目で見ると、潜在文化がなお生きているという観察がなりたつように思えてならない」となる。卑近な例で恐縮だが、筆者も45歳を過ぎる頃から、同窓会や同期会の誘いをしばしば受け取るようになり、人生の一つの段階にさしかかったことを痛感している。同じく司馬は韓国の済州島《チェジュ》を訪ねた際、同年齢を意味する「カプチャン」という言葉を教えられている。日本以上に年齢で拘束される儒教社会にあって、「同年齢という、上下の礼を用いずに済む相手を発見」すると、「とたんに敬語がなくなり、たがいに無害な悪口雑言《あっこうぞうごん》のやりとり」を行い、「そのやりとりも含めてカプチャンという」と述べ、その「まことに絶妙な悪口漫才」のかけ合いも実見している。

　柳田国男もまた、１９４８（昭和二三）年の「社会科教育と民間伝承」と題する小文のなかで、「話の種」の一つに同齢感覚をあげている。同年の人が死ぬと、身を慎んで同齢の二人の間の連帯を断とうとする「耳ふたぎ」・「年たがえ」といった風習が広く行われており、その名は中世の記録にもあるという。そのうえで、「家という群がもしほんとうに崩れてしまうものならば、その代りとなって再び出現するものは、どんな群であろうかと考えるときに、最初に注意すべきものはこの同齢感覚であるかもしれません」と記している。この文章の執筆時から70年以上が経過した今、とくに都市部ではこの予言がかなり当たっているといってよいだろう。新聞記事において、人名の後ろに括弧付きで年齢が示されるという日本の慣例は、タテ社会における立ち位置明示という役割のほか、年齢が同じないし近ければ読者に親近感を与えるというもう一つの機能を有しているようにも思われる。柳田に師事した瀬川清子は、「年齢階層と同齢感覚と同年講」という一文で、同国人・同郷人に対する親しみや共同感とは別に、「行きずりに会った人でも、同じ年、と聞いた時に、ふと胸をかすめる衝動を経験する」理由を、「年齢の幾山川を辿ってきた人生の経験者が、本能的に相手の人生行路を直感する瞬間の感激であるかもしれない」と分析し、「ことに、同年の人の訃報に接した時には、ともに引き込まれるような避けがたい感慨にとらわれる」と述べている。そして耳ふたぎの慣行や、同年者は厄祝いの贈答をしないこと、「同年講」の存在などを主に西日本の事例を引きつつ解説するとともに、「千葉県の南海岸には婚姻のためというよりは、青年期の訓練色のこい若者宿があって、祭典行事を通して若者が村精神を体得する、というしくみになっている」としている。なお、江守五夫《いつお》はこの瀬川の叙述を参照しつつ、「民俗学において「同齢講」とは、近畿地方から九州にかけて、部落内の同齢者が「同年講」とか「同年会」とか称して互いに集まり、仲間の冠婚葬祭にすすんで協力する一連の習俗をいうのである」とし、こうした習俗が「大部分において、年齢階梯制に内包された同齢結合の契機にもとづいて形成されたと考えることは十分可能」と説明している。

近年では、老若男女を問わず、社会における「居場所」がさまざまな場面で議論されている。社会学者の水無田《みなした》気流《きりう》は、現代日本における男性の居場所のなさを、女性の時間のなさと対比させながら分析している。その記述によると、職住の分離と長時間労働ゆえに家族や地域社会とのかかわりが稀薄な日本男性は、失職や退職が孤立に結びつきやすく、「世界一孤独」で、生活満足度も女性より低い。そして、これまでは高い婚姻率と、既婚女性による家族や地域社会のケアとによって覆い隠されていた男性や地域社会の問題が可視化され、「日本社会の基盤である地域コミュニティは一気に脆弱性を露呈」することとなったという。また同じく社会学者の本田由紀も、経済協力開発機構（OECD）などのデータを用い、日本が「「家族以外の人」と交流のない人の割合」で最多、逆に「一週間あたりの社会的交流時間」で最下位となっており、「悩みごとを相談できるような友人が「いない」比率」が日本の70歳以上の男性で半数を超えていることを示している。「「友だち」というものが人間にとって一種の資源・資本」であるとすれば、「他国と比べてそうした資源が総じて少ない日本の「大人」たちは、人生において何か大事なものを手放してしまったのかもしれません」という彼女の指摘は重い（水無田と本田がともに女性であるというのも示唆的である）。いずれにせよ、「人はひとりで死ぬ」のではなく、「おなじ時代をいっしょに生きた友だちとともに、ひとかたまりになって、順々に、サッサと消えてゆく」のであれば、「友だちは大切にしなければ」（津野海太郎《かいたろう》）ならない。

交通・流通・通信などが整えられた現在、従来型の地域社会やコミュニティの必要性はややもすると軽視されがちであるが、災害などの非常時には「減災」のためにも不可欠な社会基盤である。また平時においても、人間の成長段階に応じて地域社会の支えが必要な時期があり、それを大月敏雄（建築計画学）は「コミュニティ必要曲線」として図示している（図5‐1）。この図は、左から右に時間の流れがおかれ、人生のなかに、コミュニティの必要性が高い四つの時期（幼少期・子育て期・親の介護期、そして老齢期）と、自立度が高い三つの「青春」期があることを表現している。そのうえで、実際の町に住む多くの人々を対象にこの曲線を表すと、図の下にあるようなホワイトノイズ状態になると想定され、その必要を支える「居場所」の重要性を唱えている。これらの現代日本に対する指摘は、分野や視点は違えど、地域社会の現在地とそのあるべき姿に鋭く迫っている。

宗教集団のもつ意味

表5‐1は、２０１７（平成二九）年に開始された第7回「世界価値観調査」のうち、「教会・宗教団体に加わっており実際に活動している」回答の割合を表したものである（日本より人口の多い10カ国（データのないインドを除く）と韓国・ドイツを抽出）。宗教団体のありようや参加・活動のとらえ方には国によって差があ

表 5-1　教会・宗教団体への参加率

順位	国名	割合（%）
1	ナイジェリア	68.8
3	インドネシア	47.0
4	ブラジル	43.3
11	アメリカ	32.7
12	メキシコ	27.0
17	バングラデシュ	21.1
28	韓国	11.2
29	ドイツ	11.1
31	パキスタン	9.6
40	日本	3.6
44	中国	1.9
47	ロシア	1.4

順位は48カ国中．第7回「世界価値観調査」（電通総研・同志社大）により作成．

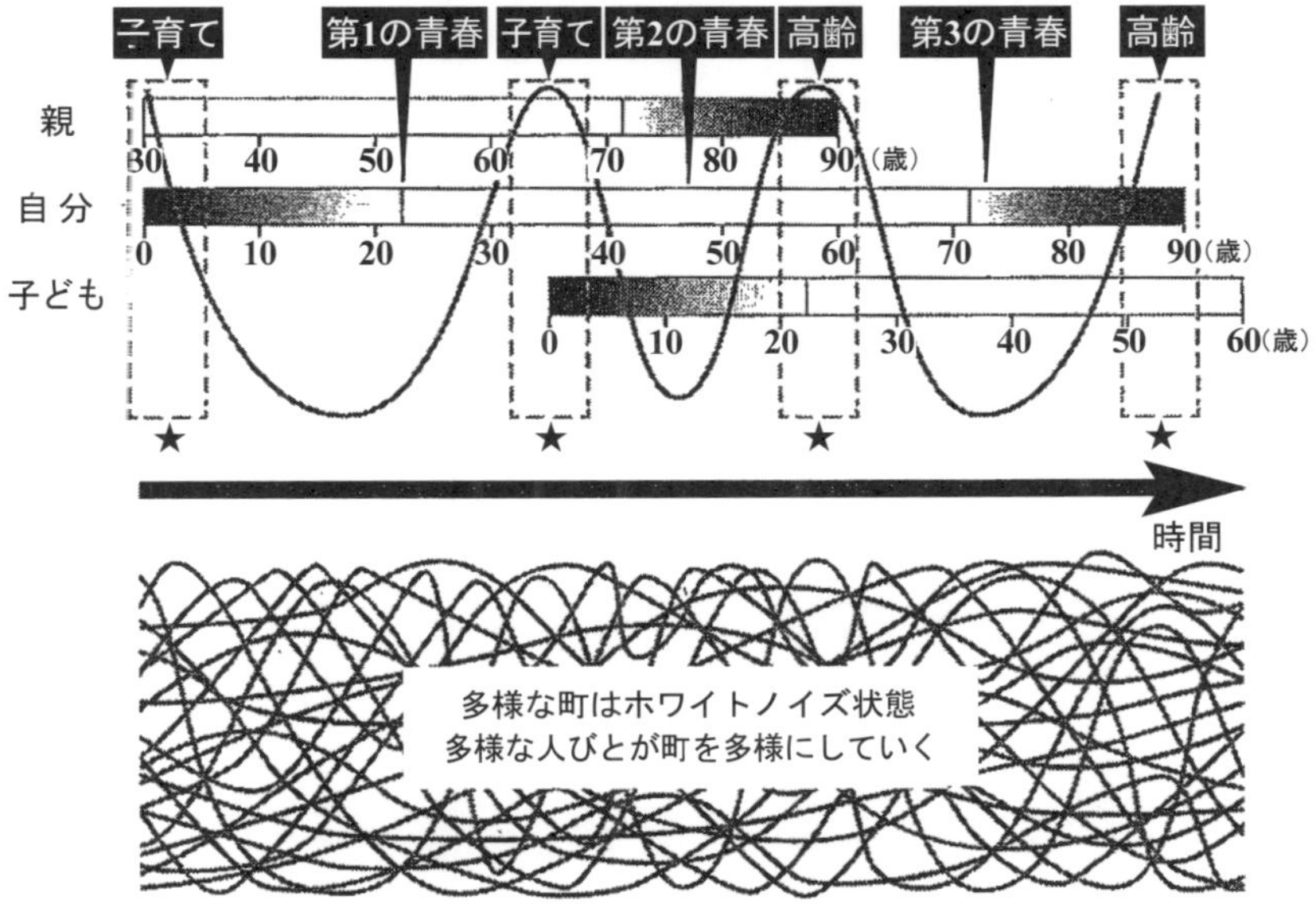

★自分が真っ白で元気なときであっても，家族のなかに真っ黒な（他人の手伝いがないと生きていけない）人（老人や子ども）がいると，自分は自立できるが，家族として自立できない．

図 5-1　コミュニティ必要曲線

上のグラフの縦軸はコミュニティの必要性を示す（上にいくほど必要性は高い）．中央の矢印より下は「町全体のコミュニティ必要曲線を重ね合わせたホワイトノイズ状態」を表す．大月（2017）より引用．

ると予想されるため、おおよその傾向を示すものと考える方がよいが、アフリカ・東南アジア・ラテンアメリカ（前々項で事例を取り上げたメキシコを含む）などの途上国の数値が軒並み高いことがみてとれる。先進国ではアメリカの割合が比較的高く、過去ないし現在に社会主義体制を経験している中国とロシアの数値は低い。同調査ではほかにもさまざまな団体への参加率が尋ねられており、日本の順位が相対的に高いのはスポーツ・レクリエーション団体と芸術・音楽・教育団体という趣味に属する分野である。逆に、労働組合や同業者・職業団体、環境保護団体や慈善団体などの順位はおしなべて低い（消費者団体では48カ国中最下位）。政治学者の田中世紀は、この調査結果を引用しつつ、こうした日本人の社会参加率の低さが他人への信頼感の低さと連動すると指摘している。その指摘によれば、これまで日本のコミュニティを支えてきた地縁組織への参加率も低下傾向にあり、これらが複合的に作用して社会的な「公助」に関する合意形成を難しくしているという。なお、同調査には宗教に関する質問もあり、「神の存在を信じるか」、「自分は信心深いか」、「宗教はあなたの生活に重要か」、「政党や選挙ではなく宗教の規範によって統治されるシステムは好ましいか」といった項目で、日本はどれも対象国中最下位近くに位置している。

この「世界価値観調査」の実施を主導したアメリカの政治学者ロナルド＝イングルハートは、宗教を主題とした著作の中で、同調査対象国の大半で「信仰をもつ人びとはそうでない層よりも幸福感が高い傾向にある」ことや、アメリカでの調査をもとに「人生で強い目的意識をもつと死亡率低下につながること」を論じている。その理由として、信仰をもつ人々が「目的意識に加え、先が見通せなくてもなんとかなるという考えや、分かち合いと慈善という宗教規範で結ばれた社会的連帯感をもちやすいということ」の反映と分析している。次にイングルハートは、ジャレド＝ダイアモンド（ちなみに『銃・病原菌・鉄』などで知られる彼の肩書は地理学教授である）が列挙した「宗教の役割」を引用する。それは、①事象についての超自然的な説明、②儀式による不安の鎮静、③苦痛や死に対する癒しの提供、④制度化された組織、⑤政治的服従の説示、⑥同胞の他者への寛容、⑦異教徒に対する戦闘行為の正当化、の七つである。各々の役割は時代による消長をみせてきたが、生活水準の向上が今後も続いたと仮定した場合でも、上記の②と③、すなわち「科学的見地からすれば無意味にみえる、「生きること」と「死ぬこと」の意味を提示できるとする宗教の役割は支持されつづける可能性が高い」とダイアモンドは予測する（他方、世界各地で貧困状態が継続したり、世界経済や生活水準、そして平和が悪化したりすれば、上記①を含めた宗教のすべての役割がふたたび重視されるようになるともみている）。

本書において中心的に取り上げてきた地域の講集団は、先述の「半分信仰で半分親睦」の言葉のごとく、宗教団体と地縁集団という二つの役割を合わせもつ存在であった。そして、同じく「神仏を考えるのは時々」という述懐にあるように、講員にとっては後者の機能の方が強く意識されていたものと想像される。これに関して鳥越は、念仏や祈祷といった「講の本来の目的」よりも、「集まった人たちの本来の目的」は雑談にあるが、「講という表向きの用」の存在ゆえに、皆が「「ご苦労さま」といわれて、胸を張って」出掛けられるという指摘をしている。それぞれの講の構成員が神仏の表看板のもとに定期的に顔を合わせてよもやま話をし、ときに何人かで遠近の寺社参詣に出かけるなど、講の存在は地域社会の貴重な潤滑油になってきたことであろう。あるいは人々の間に紐帯を生み出すとこそ宗教の基本的機能の一つととらえるならば、日本各地の伝統社会における多種多様な講集団は長らくそのように作用してきたともいい得よう。

本書で主に対象とした長生《ちょうせい》地域は、茂原《もばら》市の中心市街地などの例外を除けば、今なお景観上の都市化がそこまで進んだところではない。だが、域外への通勤や第二次・第三次産業人口の増加など、生活面での都市化が確実に進行していることは間違いない。第3章で取り上げた出羽三山講のうち、一宮《いちのみや》「町場《まちば》」や同町綱田《つなだ》のものは、いずれも近年廃絶している（廃絶した講から資料館に寄贈された資料が本書の記述の一部を構成していることは皮肉である）。その最たる要因は講員の高齢化であるが、それを引き継ぐ人がもはや地域にいないということであり、地域社会の地殻変動を物語っている。かつて綱田の八日《ようか》講講員は、「昔から続いてきたものを自分たちの代で無くしてしまうのは申し訳ないので続けている」との思いをもっていたという（宇野による）。伝統的な民俗行事や組織が地域にあまたあるのは、これと同じような思いを有する有名無名の人々がそれらを長年にわたり連綿と手渡し続けてきた結果なのである（いみじくも「信仰は、宗教的な事実を生み出す場面ではなく、受け取り、伝達する場面にあります」（上枝《うええだ》良典）との言葉がある）。そして現在、そのような行事や組織の多くが日本列島の各地で消えていこうとしており、そのことを「時代の流れ」といってしまえばそれまでである。しかし、そうした行事や組織を記録し、記憶しておくことは重要な作業であり、そうした記録や記憶は次なる時代の地域社会、ないし「居場所」を人々が築いていく際にも貴重なよりどころとなるだろう。

　千葉県内における出羽三山講は、三山登拝という擬死再生を通じた老人へのイニシエーションであり、死に支度の一つとしての機能を担ってきた。これは、先のダイアモンドが今後も残ると予測した宗教の役割の②と③にまさしく相当する。エリアーデは「加入礼」（通過儀礼）の範疇を、成人式・秘密結社・シャーマンに三分し、その順で精神化・専門化・内面化が進むとしており、本書での出羽三山講の例は「単一の性集団に制限」される秘密結社の加入礼に相当する（まさに女性からは「秘密結社的だ」といわれている（第3章参照））。そして、「死という現象に積極的な意味を見いだしたい、そして死をより卓越した存在の形態へいたるための一つの通過儀礼として受け入れたい、という人間が抱く永遠の郷愁」に対し、「加入礼のみが死という現象に積極的な意味を与えることができる」という彼の指摘は、房総の出羽三山講が果たしてきた機能を言い当てているといえるだろう。

今日の日本、ことに都市においては、成人式（と結婚式）以降、これといった通過儀礼を経ることなく一生を終える。老人への仲間入りに相当するのは勤め人にとっての定年退職であろうが、これはしばしば居場所の喪失につながる。これについて、理論物理学者の佐治晴夫は、「現代における「老い」の原因のひとつは、働ける能力があるうちに定年で打ち切られてしまうことです」と指摘している。また、先のダイアモンドも、現代の先進工業諸国における高齢者の社会的孤立の一因に定年退職制度をあげ、それは「すべてが人間の記憶頼り」の文字体系のない社会で高齢者が「社会の生き字引」をなしていることと対照的であるという。個人や夫婦を単位とすることが多い「終活」ではこうした孤立感の払拭にはいたらないと思われ、日本における50歳以上の中高年男性による自殺死亡率の高さ、あるいは近年よく耳にするようになった「孤独死」の多さはこれを裏づけている。いみじくも綱田の八日講講員は、「区の役が終わると近くに住んでいても会うことが少ないので八日講を楽しみにしている」と語っていた（宇野）。中高年男性に次なる段階への移行を意識させ、彼らの貴重な居場所となってきた出羽三山講は、構成員の死やそれにともなう儀式にふれるなかで、自らの死を考える機会をも提供してきたことだろう。そのような一連の機能を現代的な目で見直すことは、けっして無意味な思考ではないと思われる。

（2）「地方」で生きるために

文化地理学の役割

宮沢賢治は、１９２６（大正一五）年に岩手国民高等学校で講義を行い、現在、その草稿を「農民芸術概論綱要」の形で読むことができる。以下は、そのうちの「農民芸術の興隆—何故われらの芸術がいま起らねばならないか—」冒頭である。

曾ってわれらの師父たちは乏しいながら可成楽しく生きてゐた
そこには芸術も宗教もあった
いまわれらにはただ労働が　生存があるばかりである
宗教は疲れて近代科学に置換され然も科学は冷たく暗い

ここにえがかれた過去はやや懐旧的とはいえ、「労働」と「生存」、そして「科学」をひたすら優先させてきた近現代の日本が、その代償として失ったものは小さくない。少なくとも筆者には、可視的（で短期的）な経済的価値ばかりを重視する傾向が昨今の日本で強まっているように思われてならない。何かのイベントを開催するとなると、その内容そっちのけに、「経済効果」が弾き出される世の中である。本書冒頭に戻れば、「人はパンなくして生くるものにあらず」が一人歩きし、「人はパンのみにて生くるものにあらず」の方は忘れ去られがちである。

もっとも同じく序章で述べたように、地理学自体もまた、伝統的に経済分野を重視してきた。地形や気候などの自然環境も、究極的には対象地域における産業活動の説明に資するものとして扱われることが多い（農業立地の説明に地域特有の気候を持ち出すというような例）。あえて極端な物言いをすれば、地理学は経済活動の主役である（もしくは主役とされてきた）成年男性に焦点を合わせ、それ以外の人々の存在をかたわらに追いやってきた。女性や子ども・老人に目を向け、そうした人々を対象とする研究が増えてきたのは、比較的近年のことである。日本社会全体と同じく、地理学研究の「ワークライフバランス」や「ジェンダーバランス」も片方の極に振れていたわけであり、文化地理学にはそのバランスを正す役割があるといえる。以上のような事情をふまえれば、文化地理学研究を進めるうえで、地域社会が多様な属性をもつ構成員から成り立っており、しかもその一人一人が単なる「経済人（ホモ＝エコノミクス）」でないことは、しっかりと銘記しておかねばならない。公共政策や科学哲学を専門とする広井良典は、子ども期と高齢期が長いという点でヒトという生き物が特異であるとしたうえで、「生産」や「性（生殖）」から解放された、一見（生物学的にみると）余分とも見える時期が、「大人」の時期をはさんでその前後に広がっていること、つまり長い「老人」と「子ども」の時期をもつことが、人間の創造性や文化の源泉と考えられる」と指摘している。この指摘が正しいとすれば、地理学が人間（ことにその文化的な側面）をとらえようとする場合に、「大人」だけを見て高齢者（や子ども）の存在を捨象することは、重大な見落としにつながりかねないといえよう。

本書執筆に向けた調査のために八日講の行事を見学させていただいた際、正直なところ、そのゆっくりとした時間の流れに筆者はやや戸惑いを覚えていた。研究や教育の分野でさえ効率が強く要請されるなか、何かを「する」ことで日々を過ごしているために、「居る」時間の長さに慣れていなかったことになる。その意味では、まずは文化地理学の研究者自身、「居る」ことの意味を再発見する必要がある（なお、「居る」と「する」の対比については、精神科デイケア施設を舞台とした東畑開人《とうはたかいと》の著書に示唆をうけた）。

宮沢賢治のいう「乏しいながら可成楽しく生きてゐた」暮らしを支えていたものの一つが「宗教」であり、それを具体的にいうと本書でみてきた講集団や寺社参詣ということになる。男女や老壮青などの属性ごとに組織された講集団は、地域における重要な「居場所」であるとともに、寺社参詣を通して地域外の見聞を広め、ひいては自分の住む地域を見つめ直す機会を提供してきた。そうした存在意義があったからこそ、江戸時代から近年まで、日本の諸地域にかくも多くの講集団が存立してきたのであろう。

地域内におけるかかわりの今日的意義については、三浦展《あつし》による東京圏の現状分析が一つの参考になる。その分析は統計や意識調査にもとづくもので、東京圏を29の居住ブロックに分けており、このうち千葉県には千葉市・千葉湾岸・柏＝松戸方面・千葉ニュータウン方面・房総の5ブロックがある。人口減少が続く「房総」ではあるが、意識調査の結果による「住民同士の交流に参加している人の割合」は30・6％、「現在、地域のイベントやチャリティーには積極的に参加している」割合も7・6％と、いずれも29ブロック中最多である。そのこともあってか、「住み替えるとしたら、今住んでいる地域がいいか」で「今の地域を強く希望する」人が房総では21・7％おり、いずれも10％台の「郊外」にあたる県内の4ブロックを上回っている。「村」というコミュニティの優先度が高かったかつての日本の村が共和主義的であり、コミュニティ活動の活性化に比重をおく共和主義的考え方に将来の一つの方向性をみる見方（鳥越）に従うと、新自由主義が跋扈する現代日本にあって、房総のような「顔が見える」地域には伸びしろがあるともいえよう。

「成員の「共通善」を前提として形成されるとともに、その成員がともに「共通善」の実現を目的としていく人間の政治組織体」を共同体（コミュニティ）とし、共同体の価値を重んじるコミュニタリアリズム（共同体主義）（菊池理夫《まさお》）は共和主義の現れの一つと解されている（「この憲法が国民に保障する自由及び権利は、国民の不断の努力によつて、これを保持しなければならない。又、国民は、これを濫用してはならないのであつて、常に公共の福祉のためにこれを利用する責任を負ふ」とある日本国憲法第一二条のマッカーサー草案（第一一条）は、「この憲法が宣明した自由、権利および機会は、国民の絶え間ない警戒によつて保持されるものであり、国民の側に、その濫用を防止し、常に共同の善（コモン＝グッド）のために用いる義務を生ぜしめる」となっていた）。『依存的な理性的動物』を著したマッキンタイアは、ヒトは幼年時代初期と老年期をはじめ、「他者たちに依存しなければならない」存在であり、幼児や高齢者・傷病者・障害者を含む一人一人が善く生きることができるようなコミュニティの「共通善」の追求を主張している。その際、近代の国民国家と核家族・個人との間に位置し、理念として「〈与えることと受けとること〉のネットワークを具現化した地域コミュニティ」を掲げている。「個人の自立」が極北に達したような今日、依存を前提としていた「前近代的」なあり方が、「ポストモダン」になり得る可能性もあるだろう。

本書冒頭で引用したデューイは、「共通 commn、共同体 community、通信 communication という語の間には単なる言語上の関連以上のものがあり」、単なる物理的な接近生活、または共通目的をもつ労働だけでは社会や社会集団は構成されず、構成員相互の通信《コミュニケーション》によってはじめて共同体《コミュニティ》が形成されるとも主張している。今日の教育界では、地域住民が学校の運営に参画するコミュニティ＝スクール制度が推進されてきている。そのなかでは、「昔のように、田植えの結《ゆい》をつくるとか、伊勢参りの講に参加するとか、ローカル・ビジネスの座を始めることによって共同体のメモリーを作ってゆく」ことが難しいかわりに、「現代の結、講、座」にあたるテーマ＝コミュニティ（ビジョン・価値観・関心などを共有する人たちの集まり）の一つであるコミュニティ＝スクールを通じた地域コミュニティの再興が意図されている。また福祉の分野でも、ヨーロッパの基礎自治単位をなすコミューンにおける教会の存在を引き合いに、寺や神社を「新しいコミュニティ」の中心とすること、そしてそれらの「生と死を超えた場所として意識され感覚されていた」役割を見直して「〈死〉を含むコミュニティ」を再構築することが提起されている（広井）。ただしより正確にいうならば、先に一宮敬愛講の例でみたように、一般の人々にとって、寺の本堂や本尊よりも、境内にある諸堂での講の活動の方がより身近な存在であったことに注意する必要はあろう（田中圭一は「私が居住する佐渡にあってはしばしば寺の境内にある観音堂や阿弥陀堂で盛大なお祭り、おこもりや御念仏、真言がおこなわれるが、集まった人々は寺の本尊がどのような仏であるかを知らない者がほとんどであるという現実がある」と述べている）。さらに、宗教批判を通じて宗教（仏教とキリスト教）の根底にあるものを追究した八木誠一は、広い意味での「コミュニケーション」を共同体形成作用、あるいは社会の形成・維持作用と解している。そして、「コミュニケーションが本質であるような人間」をコミュニカントと定義し、その自覚の例を宮沢賢治の「雨ニモ負ケズ」にみている。八木は、構成要素間に広義のコミュニケーションがあるまとまりを「統合体」とよび、そこにはたらく「統合作用」と、統合作用を生み出す「創造的空（ないし無心）」とを超越（神）の自覚によって取り戻すことが、「経済面が最優先され、特に倫理や宗教の軽視が現れ」た世界に必要だと論じている。ともあれ、分野を問わず、今後のコミュニティやコミュニケーションのありようを考えるために、欧米などの外国だけでなく、かつて日本列島に存在していた村や結・講・座を含め、時間的にも空間的にも幅広い視野をもって有益な指針を求めることは、現代社会における人間性の回復につながる作業ともなるだろう。

歴史地理学の役割

程度の差はあるが、現代に近づくにつれて、首都（もしくは主要都市）への一極集中の傾向が強まるのは万国共通である。近代における中央集権国家の祖型ともいえるフランスでは、すでに絶対王政期にその萌芽がみられていた。これに対し、ルソーの『社会契約論』（1762年）は、人民の主権を維持する方法の一つとして、首府を認めず、政府や国家の会議を各都市に順番におくことを提案している。これは「首府にそびえる宮殿をみるたびに、わたしは、一地方の家がすべてこわされるのをみるような気がする」との彼の実感にもとづいている。

フランスの歴史地理学者プラノールは、同国の歴史的展開を詳説した大著の結びで、19世紀後期まで多様な姿をみせていたその国土が、20世紀に入って平準化し、地域特性がしだいに稀薄化したと述べている。「しかし」と彼は続け、「表舞台で目につく統合や一様化を一皮めくると、歴史が生み出した空間構造がいたるところに根づいている」ゆえ、「現在（あるいは将来）のフランスを理解するためには、過去に光をあてることが不可欠なのである」とまとめている。目を関東地方に移した場合、序章でも述べたように、今日では東京を核とする同心円構造や、それと関連する南関東（狭義の首都圏）と北関東の対照性によって把握されることが一般的である。しかしながら、17世紀の利根川東遷以前は川筋によって東関東と西関東に大別され、農業面でも高度経済成長期以前は東の水田穀作型と西の養蚕・畑作型という対比があった。また銚子・野田をはじめ、関東の醤油生産地が南東部に集中しているのも、水運の便に恵まれていた東関東の地域性を反映している。とりわけ高度成長期以後に東京の影響力が圧倒的に強まったことで、関東地方の地域構造は大きく再編されたが、それでもなお、「かつて存在した地域的コントラストが、短期間であとかたなく消滅することは稀」であり、「現実の地域では大なり小なり歴史的慣性がつねに作用している」(手塚章)ことは記憶しておきたい。

フランス革命時における「県」制度に範をとったとみられる廃藩置県に象徴されるごとく、明治維新以降の日本でも中央集権化が推進されてきた。それは国家を効率的に運営し、列国に伍していくうえできわめて有効だったが、その勢いのままに今にいたり、東京一極集中、およびそれと裏腹の地方の衰退をまねいている。首都圏にある大学の教育学部に籍をおく筆者がいうのもおかしいが、明治期以降の日本の教育制度は、人材の中央集中のためにきわめて「効率の良い」しくみとなってきた。このことは、江戸時代の文化人に一生を地方で過ごした人が珍しくない(例えば本居宣長《もとおりのりなが》や安藤昌益)のに比べ、明治期以降はそうした人物が極端に少なくなることにも示されている。この点について、文化人類学者の米山《よねやま》俊直は、「近代日本の特異な国民国家イデオロギー」が「日本の「近代人」を形成してきた」結果、「地方は中央の「中心」に対する「周縁」の地位におとしめられ」、「各地の藩がそれぞれ独自の政治をおこなうことが可能だったので、相対的には地方が、それぞれの個性的発展を指向することができたといえる」江戸時代という時代も、「地方とともに否定された」と見極めている。司馬遼太郎も、「江戸期は、江戸と京に価値が集中していたとはいえ、しかし諸藩にもそれぞれ独自な学問と文化があった」のに対し、「文明開化は、すべてその吸収・配分機関として東京がうけもったため、田舎は単に陋劣なものという意識の構造ができた」と指摘している(教育面でいえば、予備校や塾に「代々木」・「四谷」といった東京の地名を冠したものが多いのは、「中央集権化」を象徴している)。高度経済成長期以降における新幹線・高速道路など交通網の整備も、地方を住み良くするというよりは、結果的に「ストロー現象」とよばれるような少数の大都市への集中を加速させている。この点に関して、『農山村再生』を著した小田切徳美《とくみ》は、中山間地域において人・土地・むらの空洞化が進むなか、深層において「誇りの空洞化」も進行しており、今後の「地域づくり」では、「東京化」という「単一の「ものさし」」ではなく、自らの生活をめぐる各地域独自の「暮らしのものさしづくり」が重要であるとしている。本書で指摘してきたような高齢化にともなう諸問題は、大都市近郊でも目下の問題になりつつあり、その際には小田切が同じ著書で指摘するように、「高齢化が先に進んだ農山村における地域再生の挑戦や教訓を、同じ問題に遅れて直面する立場から、農山村とともに学びあい、また励まし合うこと」が必要であろう。また、地方の地域社会の調査を積み重ねた山下祐介も、日本の「中心＝地方関係」の問題として、地方から中心がよくみえるのに比して、中心から地方をみるのがきわめて難しいことをあげ、中央における地方の不理解と、地方における中央依存的思考法が表裏一体をなしているとし、それらの意図的な認識転換を主張している。たしかに、「駅情報　付き合わされる　田舎者」（朝日川柳）といった句に示されるように、マスコミによって東京のできごとが全国に向けて事細かに報じられる一方、地方の情報の多くはその地域内での報道にとどまるという非対称な関係が構築されている。比喩的な表現を使えば、東京を太陽とする「地動説」から自地域を中心とする「天動説」への「逆コペルニクス的転回」が必要である。もっとも、本書冒頭のエリアーデの伝でいえば、現代の俗なる人間は、宗教的な祭儀の喪失とともに、自らの空間を「世界の中心」とする術を手放しつつあるのかもしれない。

江戸時代の儒学者、荻生徂徠《そらい》は、1679（延宝七）年、江戸追放刑をうけた父に従って、母の実家があった長柄《ながら》郡本納《ほんのう》村（図1-1参照）に移り住み、1692（元禄五）年までの13年間をそこで過ごした（章扉の写真5-2）。この間、「「都人士之俗ニ染ラズ、外州民間之事ニ嫻《なら》ヒテ、此ヲ以テ書ヲ読マバ、読ム所皆解シ、身親シク践《ふ》ムガ如シ」（『徂徠集』）と、漢籍などを味読した内容と村落生活に親しく接した自身の経験とを結びつけたことが、彼の学問形成に大きな影響を及ぼした。その後、江戸に帰ってみると、「御城下ノ風ノ以前ニ抜群代リタルヲ見テ、書籍ノ道理ヲモ考ヘ合セ、少ハ物ノ心モ付タル様」になったという。もし「始ヨリ御城下ニ住続タラバ、自然《じねん》ト移ル風俗故、浮々《うはうは》トシテ何ノ心モ著マジ」だったろうし、「御城下ニ常ニスム高官世禄ノ人ハ、何ノ心至リモナク、又風俗ニ連テ物ヲ得言ヌト云コトハ、余儀モ無コトト存候也」（『政談』）と想像している。自身の「虚誉ヲ海内ニ窃ム者ハ、南総之力也」（『徂徠集』）とも記す彼の著述は、時代が異なるとはいえ、地方という周縁から物事を見ることの大切さを教えている。『政談』中、「海路ノ締リノ事」にふれて、「船ハ一瞬千里ヲ走ル者ニテ、日本ハ海国ナレバ、海路ハ尤モ念ヲ入ルベキ事也。薩摩ヨリ伊豆ノ鼻迄二日ニ来ルト云」とするその言も、「南総之力」の一つの表出といえるだろう。これに対し、本書で取り上げてきた夏目漱石や芥川龍之介ら近現代の事例の多くは、あくまでかりそめの滞在による「東京人」の視点であり、一生のほとんどを房総で過ごした『房総志料続篇』や『極楽道中記』の田丸健良《けんりょう》とまではいかずとも、地域により深く根ざした立脚点をもつことが求められよう。

　現代の房総半島は、その位置からも、東京の巨大な引力を免れることは難しい。昨今、その影響力はますます強まり、川本三郎のいう「房総」と「千葉」の差（序章参照）、すなわち千葉県内の「南北問題」が取り沙汰される状況にもなっている。千葉県内における１９５５（昭和三〇）年と現在の人口上位都市をあげた表５‐２をみると、高度経済成長期以前には県内各地

表 5-2　1955（昭和 30）年と 2020（令和 2）年の千葉県内各市の人口（人）

1955（昭和 30）年			2020（令和 2）年		
順位	市名	人口	順位	市名	人口
1	千葉	197,962	1	千葉	974,951
2	市川	129,700	2	船橋	642,907
3	船橋	114,921	3	松戸	498,232
4	銚子	88,157	4	市川	496,676
5	松戸	68,363	5	柏	426,468
6	館山	59,416	6	市原	269,524
7	木更津	51,741	7	流山	199,849
8	佐原	51,727	8	八千代	199,498
9	柏	45,020	9	習志野	176,197
10	成田	44,969	10	浦安	171,362
11	野田	41,175	11	佐倉	168,743
12	八日市場	36,944	12	野田	152,638
13	佐倉	35,464	13	木更津	136,166
14	東金	34,494	14	成田	132,906
15	茂原	34,189	15	我孫子	130,510

国勢調査により作成.

域の拠点都市の人口が比較的均衡を保っていたのに対し、今日ではいわゆる「千葉都民」の居住する東京のベッドタウンに人口が集中する傾向が明白である（明治期の状況を示した表1－1とも比較されたい）。なお付言すれば、２０２０（令和二）年の茂原市の人口は県内19位である。１９５５（昭和三〇）年に17であった千葉県内の市の数は37に増え、その数は埼玉・愛知に次いで全国第3位である。人口におおよそ比例する形で設定される衆議院小選挙区の区割り（２０２２・令和四年の改正により、千葉県で14：図5－2）をみても、長生地域は山武《さんぶ》郡から勝浦市にいたる6市10町1村に及ぶ第一一区に含まれ、ほかにも成田市以東の第一〇区や袖ケ浦《そでがうら》市以南の第一二区など、県の東から南にかけて広大な面積の選挙区が目立つ。これは、千葉市内の3行政区からなる第一区や、市川市南部と浦安市からなる第五区などと対照的である（この区割りによる千葉県の一選挙区あたり平均人口は約44万人）。また、序章で述べたように、県内の「平成の大合併」実施状況にも大きな地域差が見受けられる。この「南北問題」対策として、

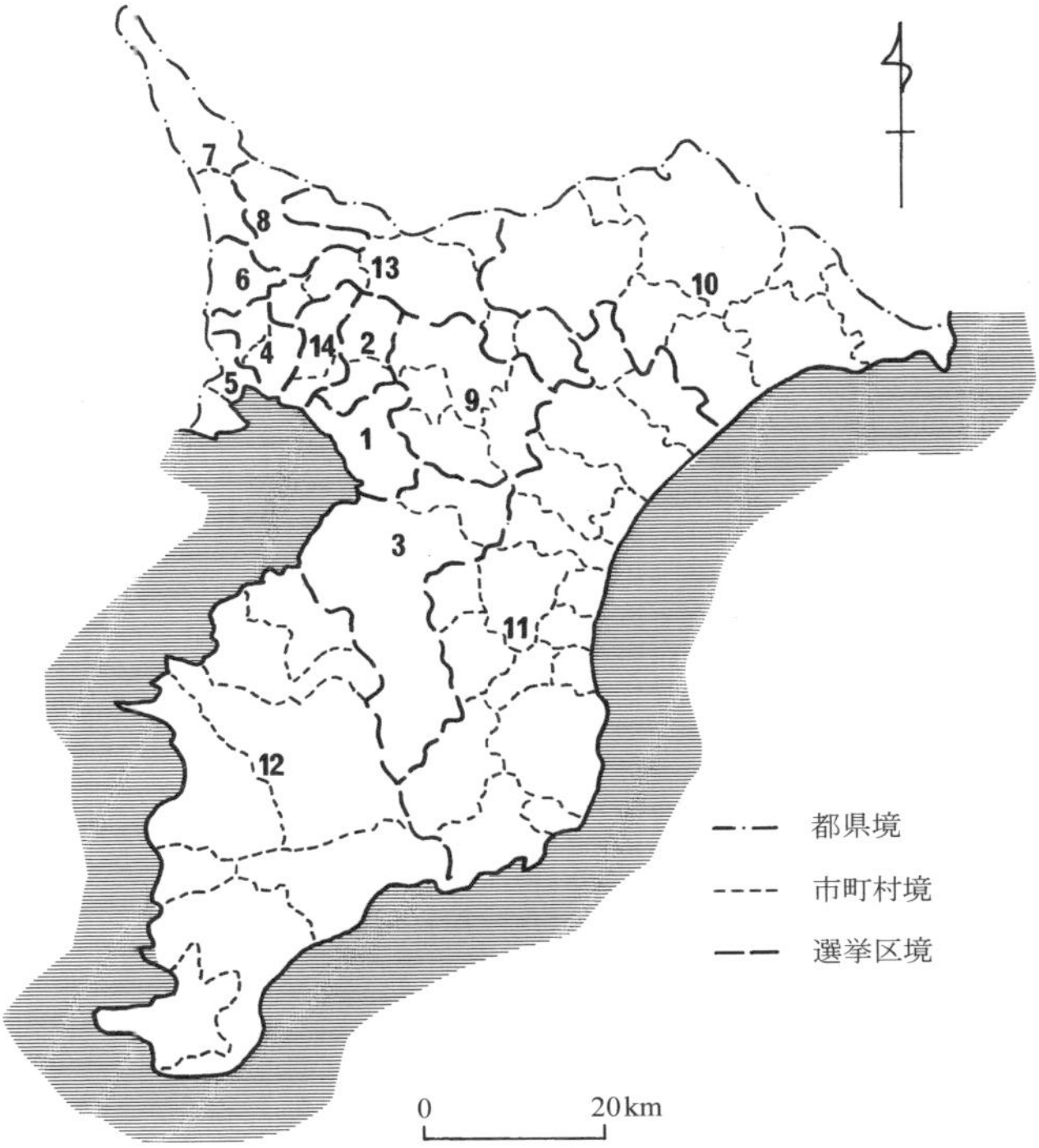

図 5-2　千葉県衆議院小選挙区区割り図

数字は選挙区番号. 市町村名は図 A-1 参照. なお, 千葉市・船橋市・市川市は複数の選挙区にまたがっている.

例えばいすみ市では定住人口の増加をはかり、２０１５（平成二七）年から通勤・通学で特急列車を利用する人のための補助金を交付している（関東地方では茨城県石岡市・栃木県小山市・埼玉県熊谷《くまがや》市などに同様の制度がある）。ただ、そうした方法は一時的な歯止めにはなったとしても、東京に大きく依存しているという点で、地方の自立にはつながりにくいと考える。

試みに、上総一ノ宮駅の運賃表（図５-３）をながめてみると、東京駅までの運賃と同額で千葉県内の館山《たてやま》や柏、埼玉県の南越谷《こしがや》などにも行けることがわかるが、乗客の大多数は東京への「上り」方向を利用していると予想される（実際、上総一ノ宮を始発とする列車は、上りの総武線ないし京葉線を経由して東京へ向かう快速列車が10～15両編成であるのに対し、下りの房総半島を半周して木更津《きさらづ》に向かう普通列車は基本的に2両編成のワンマンカーと、目に見えて対照的である）。ＩＣカードとネット上の路線検索の普及によって路線図を見る機会が減ったことは、自動車運転におけるカーナビの利用とともに、地理的な視野狭窄の一因であるように思われる。読者にも、最寄りの駅で運賃表を見てもらえれば、ふだんよく利用する駅までと同じ値段で、意外に多くの駅に行けることが発見できるのではないだろうか。

歴史をさかのぼってみても、房総半島が東京（江戸）の大きな影

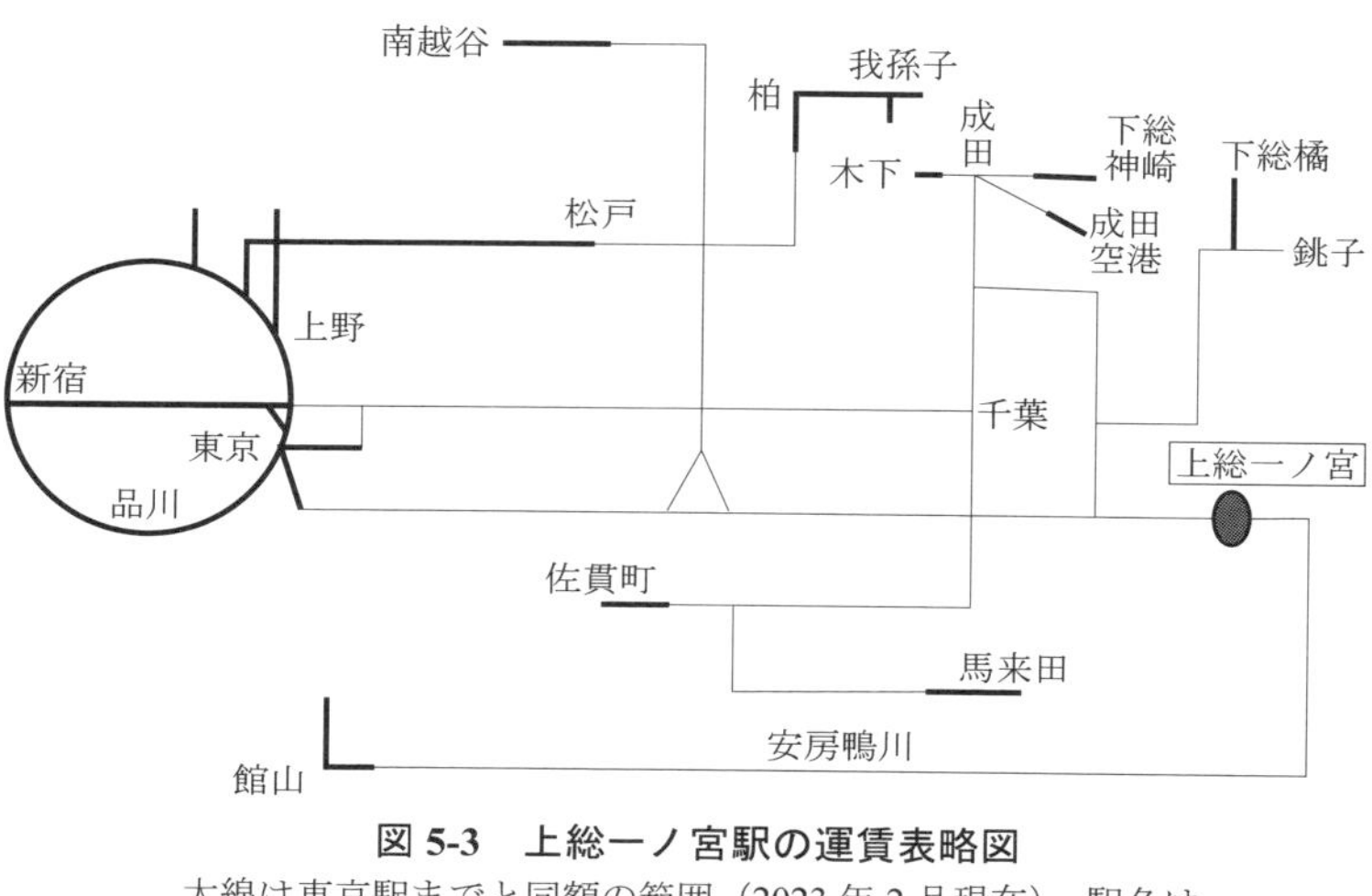

図 5-3　上総一ノ宮駅の運賃表略図

太線は東京駅までと同額の範囲（2023 年 2 月現在）．駅名は主なもののみ示した．JR 上総一ノ宮駅の運賃表により作成．

響をうけてきたことは紛れもない事実である。しかし同時に、黒潮や親潮の「道」を介した地域間交流など、さまざまな地域との関係がその風土を育んできたことも、本書を通じて述べてきた通りである。前節であげたマッキンタイアの主張を敷衍すれば、今後、地域の「自立」のために必要なのは、地域内ですべてを自己完結させることではなく、むしろ多くの地域と濃淡さまざまな依存関係をもつことなのであろう。その際、経済的な関係だけでなく、文化面など、さまざまなかかわりが考えられることはいうまでもない。寺社参詣という行動自体、地域内外での結びつきを生み出す貴重な糸となってきた。そうした種々の糸を多方向に張りめぐらせることが、結果的に日本の「津々浦々」における暮らしの充実に寄与すると筆者は信じるものである。

１９５５（昭和三〇）年頃に始まる日本の高度経済成長期が地域社会にもたらした変革は、「日本の歴史上画期的なもの」であった。「長い間維持されてきた、あるいは長い間に形成されてきた伝統の多くが高度経済成長期に失われ」、「それらの多くは、近代化の過程においても維持されてきたものであった」という（石井英也）。その論に従えば、「近代化の終焉ともいえるし、あるいは日本の歴史における新しい局面の出発点として捉えることができるような一大変革期」であった高度経済成長期、またその後のバブル経済期を経た21世紀の人口減少局面を迎え、「成長」ではなく「成熟」を目指すとき、ここ数十年の変革によって失われた（ないし今まさに失われようとしている）伝統を見直す場面も出てくるだろう。目を世界に向けても、ホブズボームが指摘するように、20世紀後半の「黄金時代」によって「人類の圧倒的多数が食物を育て、動物の世話をして生活していた長い時代」、すなわち「石器時代に農業の発明とともに幕を開けた人類の7、8千年の歴史」が終焉を迎えるなか、「産業化・資本主義化する前の社会から受け継いだもの」で、「人と人とのつながりという歴史的意味をもつ構造までが危機に瀕し」ている。それによってとくに「西洋型資本主義を導入していた先進国」において、「古くからある人間の社会関係のパターンが崩壊し、それに伴い、世代間の関係までもが壊れ」、この「過去と現在が断絶したこと」は、20世紀における「もっとも混乱をきたす」変化であった。前項で引用した広井良典は、これまで「どちらかというと普遍的かつ〝場所を超越した〟概念としてとらえられる傾向が強かった」「『福祉』にいわば地理的・空間的な視点を導入」した「『福祉地理学』とも呼ぶべき視座ないしパラダイムの確立が重要になっている」と提唱している。経済成長の時代には各地域が「〝進んでいる↑↓遅れている〟といった一元的な座標軸の上に位置づけられてきた」が、「私たちが現在迎えつつある成熟化・定常化の時代においては、そうした「成長」を尺度とする座標軸そのものが背景に退いていくとともに、それと平行して各地域の地理的・風土的多様性ということが再認識され、新しい意味や価値をもって浮かび上がってくる」という広井の指摘は、福祉の分野に限った話ではないだろう。例えば、「近代化が二周目に入った今日」における民主主義再生の方向性について、宇野重規《しげのり》は「ゴールを探すよりは、それぞれの地域社会において、実験や模索を行う必要性が高まってきている」と論じ、中央集権的思考からの脱皮を説いている。

　折しも新型コロナウイルス感染症の感染拡大の際、デフォーおよびカミュの『ペスト』をはじめ、過去の病気や感染症から題を得たり、それらに分析を加えたりした諸著作が脚光を浴びた。それは、「壁の中の悪疫にどう対処すべきかの道をもとめていくとき、いちど壁の外に立って歴史をふりかえることは、けっして無意味なことではないだろう」（立川昭二）という私たちの志向にもとづいている。「我々は後ずさりしながら未来に入っていく」（ヴァレリー）前提がある以上、時間軸の射程を長くとり、そしてそれに空間軸を加えた幅広い視野でもって物事をとらえることは、現代の日本や世界に存在する諸々の「壁」の再考に資するものでもある。近視眼的な現代人に対して「グッド＝アンセスター（良き祖先）」たることを説くクルツナリックは、「死について考え、自分がいなくなったときにどのように記憶されたいかを考えることは、世代を超えた思いやりや責任感を強め、社会的にも大きなメリットがある」と述べている。中世ヨーロッパの警句「メメント＝モリ（死を想え）」のように、個人の命の短さを意識して生きることは、逆に自分の死後に思いをはせる機会にもつながってくる。今回のコロナ禍は、温故知新という意味合いも含め、はからずも長期的な思考を取り戻すきっかけを私たちに与えたともいい得る。もしくは、「その時々で出合った出来事の良し悪しの評価は、その時点ではできなくて、そのできごとの後にやってくる未来が、それまでたどってきた過去を決める」、「いいかえれば、「これから」が「これまで」を決める」（佐治晴夫）という見解をふまえ、現在や未来によって過去を不断にとらえ直すべきであるともいえよう。

日本においても（あるいは世界においても）、より多様性に満ちた地域社会が各地で営まれていた時代があったはずである。右に引用したプラノールの言葉のように、それを学ぶことは、今後あり得る地域の姿を考えるうえでも豊富な示唆を与えてくれる。実際、近年各地で活発な「地域おこし」の材料を考える際にも、当該地域の歴史が参照される場面が目につく。本書の記述自体、そのような身近な地域の歴史を知ろうとするさまざまな調査・研究の成果によるところが大きい。さらにこれも本書でたびたび引用してきたように、日本では「歌枕」の伝統を有するゆえか、地域による厚薄の差はあれ、各地の風土をえがいた数々の文芸作品が蓄積されており、それらを過去を読み解く資料として活用することも可能である。手前味噌にはなるが、時間的にも、空間的にも、自らの相対的な立ち位置を知るために、歴史地理学、ないし歴史地理学的な見方が果たすべき役割は大きい。

おわりに

まことに、農夫なら、どれほど年老いていようが、誰のために植えるのか、
と尋ねられたら、ためらわずこう答えるであろう、
「不死なる神々のために。神々は、私がこれを先祖から受け継ぐのみならず、
後の世に送り渡すようにとも望まれた」。

（キケロー『老年について』）

少子高齢化が急速に進行する現代日本では、さまざまな場面や分野での「継承」の問題が顕在化している。例えば今年元旦に発生した能登半島地震の被災地においては、「半島性」が「陸の孤島」化をまねいたこともあって、地域社会をどのように次代につなげていくのかが問われている。より巨視的にいえば、私たちが今後も人間社会の存続を望むとき、「不死なる神々」（あるいは「天」）の存在を念頭におくことをその条件の一つと述べても過言ではないだろう。

さて、本書を終えるにあたり、真っ先に感謝を申し上げなければならないのは、関信夫氏、および秀明氏のご兄弟である。この「日本の地域誌」シリーズの刊行が古今書院編集部の秀明氏から提案された頃、私は大学の卒業論文以来取り組んできた三峰信仰に関する拙著をまとめ、次なる研究対象

を探していた時期であった。秀明氏から郷里の一宮町綱田集落における出羽三山信仰の存在を教えられ、その案内で初めて同地を訪ねたのは２０１２（平成二四）年2月であった。その際、地元の高校で地理教員を勤められていた兄君の信夫氏にもお引き合わせをいただいた。その後は列車で上総一ノ宮駅を降り、そこから信夫氏に案内役兼運転士をお願いするのが常であり、これ以上ない贅沢な調査環境に恵まれた。本書中に多くの写真を収めることができたのも、信夫氏のご協力によるところが大きい。本書の原稿作成時にも、両氏から多くのご助言を賜った（もとより本書の文責はひとえに筆者にある）。

ほかにも、現地でお世話になった方々は数多い。とりわけ綱田集落と長南町芝原行堂の八日講（出羽三山講）の構成員の皆様には、講の行事を見学させていただくという貴重な機会を頂戴した。また、史資料の閲覧や写真の使用で便宜をはかってくださった睦沢町立歴史民俗資料館と、未公刊論文の閲覧を許された一宮町教育委員会の宇野　幸《みゆき》様にも、深謝申し上げる次第である。

調査成果のうち、本書の第3章・第4章にあたる部分は２０１６（平成二八）年に論文の形で発表した。しかしその後、成書とするまでに相当な時間がかかってしまい、編集担当の秀明氏には大変なご迷惑をおかけすることになってしまった。その理由には、もちろんコロナ禍などの外的要因もあるが、今にして振り返れば、自分が調べた事例をより大きな文脈のなかでどのように位置づけてよいのか見通せなかったことが最大の原因であったと思われる。結果として、断続的とはいえ、本書のための調査と執筆に40代の期間のすべてを費やすことになった。現代には似つかわしくない歩みの遅さであることは重々自覚しているつもりだが、せめて成熟のために必要な時間だったと思いたい。

ようやくまとまった本書についていえば、逆に序章や終章が分厚くなり、「中身の少ない饅頭」のようになってしまったきらいもある。中身と皮がバラバラになっていないことを願うばかりである。

大風呂敷を広げた言い訳に、次の箴言で締めくくることとしたい。

駄目な詩人がいっそう駄目になるのは、詩人の書くものしか読まぬからである（駄目な哲学者が、哲学者のものしか読まないのと同じことだ）。植物学や地質学の本のほうが、はるかに豊かな栄養を恵んでくれる。人は、自分の専門を遠く離れたものに親しまないかぎり、豊饒にはなれない。

（シオラン『生誕の災厄』）

2024（令和六）年6月　梅雨入り間近の季節に

三木一彦

参考文献

各章にまたがるもの

網野善彦・森浩一（二〇〇〇）「「関東学」の創造をめざして」『アサヒグラフ別冊　関東学発見―東国の内海世界へ―』
一宮町史編さん委員会編（一九六四）『一宮町史』一宮町
一宮町教育委員会編（二〇一二）『一宮町の石像物』同上
宇野幸（二〇〇二）「地域社会を記録する試みと可能性―千葉県長生郡一宮町における年中行事と地域社会の運営―」千葉大学文学研究科修士論文（未公刊）
長田暁二・千藤幸蔵編（二〇一二）『日本民謡事典』全音楽譜出版社
紀元二千六百年記念房総叢書刊行会編（一九四一）『房総叢書六　地誌一』同上
紀元二千六百年記念房総叢書刊行会編（一九四二）『房総叢書九　系譜及石高帳』同上
久保京子（一九九七）「千葉県長生郡・夷隅郡における定期市の存立基盤」『筑波社会科研究』一六
小林裕美（二〇一二）「梵天に見る房総の出羽三山信仰の現在（いま）」『千葉県立中央博物館研究報告―人文科学―』一三（一）
十返舎一九（一九七九）『十返舎一九全集二・三』日本図書センター
司馬遼太郎（一九九三）『この国のかたち一』文春文庫
上智大学史学会・史学研究会編（一九六八）『上智大学史学会研究報告二　東上総の社会と文化―千葉県長生郡総合調査―』同上
祖田浩一編（一九九四）『ふるさと文学館一三　千葉』ぎょうせい
谷川健一編（一九六九）『日本庶民生活史料集成二・三　探検・紀行・地誌（西国篇・東国篇）』三一書房
田丸健良著、鶴岡節雄編（一九九一）『極楽道中記・西方紀行』鶴岡節雄（私家版）
千葉県史料研究財団編（一九九九）『千葉県の歴史　別編　民俗一（総論）』千葉県

千葉市美術館編（二〇一三）『仏像半島―房総の美しき仏たち―』千葉市美術館・美術館連絡協議会
手塚章（一九九一）「地域的観点と地域構造」（中村和郎ほか『地理学講座四　地域と景観』古今書院）
デューイ（松野安男訳）（一九七五）『民主主義と教育　上・下』岩波文庫
羽原又吉（一九六三）『漂海民』岩波新書
平凡社地方資料センター編（一九九六）『日本歴史地名大系一二　千葉県の地名』平凡社
房総叢書刊行会編（一九一四）『房総叢書二』同上
「房総の出羽三山信仰」映像記録作成委員会編（二〇一一）『映像記録　房総の出羽三山信仰　解説書』千葉県伝統文化再興事業実行委員会
三木一彦（二〇一〇）『三峰信仰の展開と地域的基盤』古今書院
三木一彦（二〇一六）「房総半島における出羽三山信仰の浸透とその要因―長生地域の民俗事例による一考察―」『歴史地理学』五八（二）
山本宣尚（二〇一一）『昔の大災害が後世に残したもの―一宮町と長生村の災害解説と史蹟写真―』山本宣尚（私家版）

はじめに

青野壽郎・尾留川正平編（一九六七）『日本地誌八　千葉県・神奈川県』二宮書店
芥川龍之介（一九九一）『奉教人の死・煙草と悪魔　他一一篇』岩波文庫
網野善彦（一九九五）『続・日本の歴史をよみなおす』ちくまプリマーブックス
石井進（二〇〇〇）『中世の村を歩く』朝日選書
石原道博編訳（一九五一）『新訂　魏志倭人伝・後漢書倭伝・宋書倭国伝・隋書倭国伝―中国正史日本伝一―』岩波文庫
磯谷達宏（二〇〇〇）「シイ」（原田洋・磯谷達宏『マツとシイ』岩波書店）
井上ひさし（二〇一一）『井上ひさしの憲法指南』岩波現代文庫
岩尾龍太郎（二〇〇九）『江戸時代のロビンソン―七つの漂流譚―』新潮文庫
内田魯庵（一九九〇）「八犬伝談余」（曲亭馬琴著、小池藤五郎校訂『南総里見八犬伝一〇』岩波文庫）
エリアーデ、ミルチャ（風間敏夫訳）（一九六九）『聖と俗―宗教的なるものの本質について―』叢書・ウニベルシタス（法

政大学出版局）
遠藤周作（二〇〇〇）『遠藤周作文学全集一二　評論・エッセイ一』　新潮社
垣内景子（二〇一五）『朱子学入門』　ミネルヴァ書房
川本三郎（一九九五）『火の見櫓の上の海―東京から房総へ―』　気球の本（NTT出版）
川本三郎（二〇〇七）「房総半島への旅―東京人にとっての海辺―」『言語文化』二四
鋸南町史編纂委員会編（一九八三）『鋸南町史』　国書刊行会
桑原武夫・大槻鉄男選（一九七一）『三好達治詩集』　岩波文庫
斎藤均（一九九二）『夏目漱石の房総旅行―『木屑録』を読む―』　ふるさと文庫（崙書房）
桜井徳太郎（一九七〇）『日本民間信仰論　増訂版』　弘文堂
鯖田豊之（一九八二）『生と死の思想―ヨーロッパ文明の核心―』　朝日選書
司馬遼太郎（一九九八）『街道をゆく四二　三浦半島記』　朝日文庫
島泰三（二〇二〇）『魚食の人類史―出アフリカから日本列島へ―』　NHKブックス
シュライエルマッハー、F．（高橋英夫訳）（一九九一）『宗教論―宗教を軽んずる教養人への講話―』　筑摩叢書
白川静（二〇一二）『常用字解　第二版』　平凡社
枢密院編（一九八四）『枢密院会議議事録一』　東京大学出版会
関口武（一九五九）「日本の気候区分」『東京教育大学地理学研究報告』三
高島俊男（二〇〇七）『漱石の夏やすみ』　ちくま文庫
高田真治・後藤基巳訳（一九六九）『易経　下』　岩波文庫
高村光太郎（一九五五）『高村光太郎詩集』　岩波文庫
田中啓爾（一九四九）『地理学の本質と原理』　古今書院
つげ義春（一九九五）『ねじ式』　小学館文庫
つげ義春（一九九五）『紅い花』　小学館文庫
辻惟雄（二〇〇五）『日本美術の歴史』　東京大学出版会
デューイ（宮原誠一訳）（一九五七）『学校と社会』　岩波文庫

土居健郎（二〇〇七）『「甘え」の構造　増補普及版』弘文堂
中尾尭（二〇〇一）『日蓮』歴史文化ライブラリー（吉川弘文館）
永原慶二監修、貴志正造訳注（一九七六）『全訳　吾妻鏡一』新人物往来社
中村元（二〇一二）「靖国問題と宗教」『KAWADE 道の手帖　新装新版　中村元─生誕一〇〇年─』
夏目金之助（二〇一九）『定本　漱石全集二二』岩波書店
夏目漱石（一九二七）『こころ』岩波文庫
夏目漱石（一九二九）『草枕』岩波文庫
夏目漱石（一九四一）『二百十日・野分』岩波文庫
西下経一校注（一九三〇）『更級日記』岩波文庫
日本ことわざ文化学会編（二〇二〇）『世界ことわざ比較辞典』岩波書店
バック、パール（新居　格訳）（一九五三）『大地一』新潮文庫
春名徹（一九八八）『世界を見てしまった男たち─江戸の異郷体験─』ちくま文庫
丸山真男（一九六一）『日本の思想』岩波新書
ミシュレ（加賀野井秀一訳）（一九九四）『海』藤原書店
安田武（一九八七）『昭和　東京　私史』中公文庫
山本正三ほか編（一九九七）『人文地理学辞典』朝倉書店
吉田健一（一九九四）『ヨオロッパの世紀末』岩波文庫
リッター（手塚章訳）（一九九一）「地理学における歴史的要素」（手塚章編『地理学の古典』古今書院）
リヒトホーフェン、フェルディナンド＝フォン（上村直己訳）（二〇一三）『リヒトホーフェン日本滞在記─ドイツ地理学者の観た幕末明治─』九州大学出版会
ルクリュ、エリゼ（柴田匡平訳）（二〇一七）『ルクリュの一九世紀世界地理　第一期セレクション四　インドおよびインドシナ』古今書院
ルクリュ、エリゼ（柴田匡平訳）（二〇二二）『ルクリュの一九世紀世界地理　第二期セレクション二　北アメリカ─アメリカ総説、グリーンランド、北極諸島、アラスカ、カナダ、ニューファンドランド─』古今書院

第1章

アウエハント、C．（小松和彦ほか訳）（二〇一三）『鯰絵―民俗的想像力の世界―』岩波文庫
赤川泰司（一九七一）「九十九里平野における施設園芸（第一報）―一宮町平野部の地域的特色と実態―」『地理学評論』四四（四）
芥川龍之介（一九九六・九七）『芥川龍之介全集一二・一三・一四・一七・一八』岩波書店
井奥成彦（二〇〇三）「出稼ぎ漁と干鰯―移住と定着―」『新訂増補週刊朝日百科　日本の歴史』六七
一宮町教育委員会編（二〇一二）『町民が語る昭和の一宮二』同上
伊藤康宏ほか校注・執筆（一九九五）『日本農書全集五八　漁業一』農山漁村文化協会
越智敏之（二〇一四）『魚で始まる世界史―ニシンとタラとヨーロッパ―』平凡社新書
折式田由紀（一九九六）「千葉県一宮町における観光業と人々の生活」（筑波大学大学院教育研究科社会科教育コース地理学野外実験報告作成委員会編『外房の自然と暮らし』同上）
加藤晴美（二〇二一）『遊郭と地域社会―貸座敷・娼妓・遊客の視点から―』清文堂出版
菊地利夫（一九八二）『房総半島』大明堂
久米正雄（二〇一七）「「鼻」と芥川竜之介」（石割　透編『芥川追想』岩波文庫）
郷田洋文（一九五三）「上総沿岸のシオフミ」『日本民俗学』一（二）
竿代愛也・福井朋美（一九九五）「千葉県一宮町における商業の地域構造」（筑波大学大学院教育研究科社会科教育コース地理学野外実験報告作成委員会編『外房の自然と暮らし』同上）
佐藤信淵著、滝本誠一校訂（一九二八）『経済要録』岩波文庫
司馬遼太郎（一九八〇）『木曜島の夜会』文春文庫
司馬遼太郎（一九九〇）『街道をゆく二七　因幡・伯耆のみち、檮原街道』朝日文庫
瀧本誠一編（一九二五）『佐藤信淵家学全集　上』岩波書店
武井弘一編（二〇二二）『イワシとニシンの江戸時代―人と自然の関係史―』吉川弘文館
千葉県立関宿城博物館編（二〇一七）『平成二九年度企画展図録　鰯は弱いが役に立つ―肥料の王様干鰯―』同上
長崎福三（二〇〇一）『魚食の民―日本民族と魚―』講談社学術文庫
中嶋清一（一九七七）『お茶の間歳時記―房総の行事と生活―』大和美術印刷出版部

夏目金之助（二〇一九）『定本　漱石全集二三・二四』　岩波書店
ノダ、ケサ（黒澤恵美子訳、内田 實編）（一九八五）「ヤマトコロニーの成立と展開　正・続―カリフォルニアにおける日系移民コミュニティ―」『札幌大学女子短期大学部紀要』五・六
芳賀矢一校訂（一九〇六）『慶長見聞集』　袖珍名著文庫（富山房）
橋詰直道・石毛一郎（二〇〇二）「九十九里地域における都市と農村地域の変容」『地域学研究』一四
長谷川匡俊（一九八八）「江戸後期における房総寺院の分布と本末組織」（川村　優先生還暦記念会編『近世の村と町』吉川弘文館）
長谷川匡俊（二〇〇七）『近世の地方寺院と庶民信仰』　岩田書院
原田信男（二〇〇九）『江戸の食生活』　岩波現代文庫
平野哲也（二〇一六）「関東内陸農山村における魚肥の流通・消費と海村との交易」（渡辺尚志編　『生産・流通・消費の近世史』勉誠出版）
平野哲也（二〇一七）「干鰯と農業」『歴史と地理』七一〇
平本紀久雄（一九九六）『イワシの自然誌―「海の米」の生存戦略―』　中公新書
フェルナンデス‐アルメスト、フェリペ（二〇〇九）『世界探検全史―道の発見者たち―　下』　青土社
古田悦造（一九九六）『近世魚肥流通の地域的展開』　古今書院
星野博美（二〇一四）『コンニャク屋漂流記』　文春文庫
星野博美（二〇二二）『世界は五反田から始まった』　ゲンロン叢書
松田　章（一九六九）「玉前神社年中行事覚書」『房総文化』一〇
松本信広（一九五六）『日本の神話』　日本歴史新書（至文堂）
宮本常一（一九九五）『日本の村・海をひらいた人々』　ちくま文庫
睦沢町教育委員会・睦沢町立歴史民俗資料館編（一九九七）『特別展『東上総仏像彫刻の美』図録』　睦沢町立歴史民俗資料館
柳田國男（一九九〇）『柳田國男全集一二』　ちくま文庫
山口和雄（一九五七）『日本漁業史』　東京大学出版会
渡辺尚志（二〇〇九）『百姓の力―訴訟と和解の江戸時代―』　柏書房

第2章

網野善彦（二〇〇〇）『日本の歴史〇　「日本」とは何か』講談社
石川靖夫（二〇〇〇）『房総の三十三所』石川靖夫（私家版）
一宮町教育委員会編（二〇〇九）『一宮町の絵馬・扁額』同上
岡倉捷郎（一九八五）「房総における社寺霊山巡拝塔―出羽三山・百番札所信仰の重層に則して―」『房総の石仏』三
岡倉捷郎（一九九六）「三山参りと札所巡礼―出羽三山信仰における重層習合の成因―」（真野俊和編『講座日本の巡礼一　本尊巡礼』雄山閣）
山東京傳全集編集委員会編（二〇〇二）『山東京傳全集八』ぺりかん社
新城常三（一九八二）『新稿　社寺参詣の社会経済史的研究』塙書房
菅根幸裕（一九九六）「近世の大山講と大山御師―上総国作田村の大山講史料を中心に―」『山岳修験』一八
館山市立博物館編（二〇〇六）『企画展　観音巡礼と那古寺』同上
田中智彦（二〇〇四）『聖地を巡る人と道』岩田書院
千葉県企画部県民課編（一九七五）『千葉県史料　金石文篇一』千葉県
塚田芳雄（一九八八）「千葉県における三十三所・八十八所の概況について」『千葉県の歴史』三五
天台宗南総教区研修所編（二〇一八）『平成二十九年度　天台宗南総教区研修所研究紀要　南総天台の仏像・仏画二』同上
茂原市立図書館古文書講座編（一九九八）『茂原の古文書史料集四　江戸時代の旅日記』茂原市立図書館
森　正人（二〇一四）『四国遍路―八八ヶ所巡礼の歴史と文化―』中公新書
山本光正（二〇〇三）「近世・近代の女性の旅について―納経帳と絵馬を中心に―」『国立歴史民俗博物館研究報告』一〇八

第3章

阿川弘之・北　杜夫編（一九八六）『斎藤茂吉随筆集』岩波文庫
朝比奈時子・久野一郎・宇野　幸（二〇〇〇）「民俗調査概報三　睦沢町森地区・長南町芝原地区の年中行事」『睦沢町立歴史民俗資料館研究紀要』六
蘆田伊人編（一九七七）『大日本地誌大系一三　新編武蔵風土記稿七』雄山閣

池上廣正（一九五八）「出羽三山の信仰―千葉県平山に於ける―」『社会と伝承』二（三）
石田年子（二〇〇五）「野田市の山岳信仰一　石造物に見る野田地方の出羽三山信仰」『千葉県立関宿城博物館研究報告』九
石田年子（二〇一三）「順礼塔にみる近世の旅―野田市・百番塔を中心に―」『千葉県立関宿城博物館研究報告』一七
市古夏生・鈴木健一校訂（一九九六・九七）『新訂　江戸名所図会三・四・六』　ちくま学芸文庫
市原市教育委員会編（一九八六）『市原市史　中』　市原市
岩鼻通明（一九九二）『出羽三山信仰の歴史地理学的研究』　名著出版
牛島史彦編（一九九三）『江戸の旅と流行仏―お竹大日と出羽三山―』　板橋区立郷土資料館
岡倉捷郎（一九八一）「関東における出羽三山信仰―その分布と三山講の性格・諸相―」『まつり』三八
海和伸吉ほか（一九九六）「千葉県一宮町綱田地区におけるナシ栽培農家の農業経営と土地利用」（筑波大学大学院教育研究科社会科教育コース地理学野外実験報告作成委員会編『外房の自然と暮らし』同上）
梶原正昭・山下宏明校注（一九九九）『平家物語二』　岩波文庫
上総一宮郷土史研究会編（一九八八）『続　ふるさと』　同上
喜多村守貞（一九〇八）『類聚　近世風俗志』　更生閣書店
小山弘志校注（一九六一）『日本古典文学大系四三　狂言集　下』　岩波書店
斎藤茂太・北杜夫（一九八〇）『この父にして―素顔の斎藤茂吉―』　講談社文庫
篠田惣次（一九七七）「長柄町史研究篇八　長柄町に於ける三山信仰」（長柄町史編纂委員会編『長柄町史』長柄町）
菅根幸裕（二〇一一）「参詣者側からみた神仏分離と山岳信仰―羽黒山西蔵坊所有房総登山帳の分析―」『寺社と民衆』七
高畑友香（二〇一六）「千葉県君津市豊田地区における出羽三山信仰の継承」『お茶の水地理』五五
立野晃（一九八四）「史料としての出羽三山塔」『千葉県立上総博物館研究員紀要』三
千葉県史料研究財団編（二〇〇二）『千葉県の歴史　資料編　近世四　上総二』　千葉県
長生郡教育会編（一九七六）『長生郡郷土誌』　侖書房
対馬郁夫（一九七四）「房総に息づくみちのくの三山信仰」『房総史学』一四
東洋大学民俗研究会編（一九七二）『長柄町の民俗―千葉県長生郡長柄町―』　同上
永井伸昌ほか（二〇〇六）「千葉県一宮町における施設園芸集落の地域的特色」『地域研究年報』二八

長柄町史編纂委員会編（一九七七）『長柄町史』　長柄町
西海賢二（二〇一二）『東日本の山岳信仰と講集団―山岳信仰と地域社会　続―』　岩田書院
日本大蔵経編纂会編（一九一九）『日本大蔵経三八』　藏經書院
芳賀矢一・佐佐木信綱編・校注（一九八七）『校註　謡曲叢書一・三』　臨川書店
荻原恭男校注（一九七九）『おくのほそ道』　岩波文庫
松田　章（一九六五）「椎津「カラダミ」見聞記」『房総文化』七
宮島潤子（一九九三）『謎の石仏―作仏聖の足跡―』　角川選書
宮本袈裟雄（一九七九）「関東の出羽三山講―千葉県の三山登拝習俗を中心にして―」（宮田　登・宮本袈裟雄編『山岳宗教史研究叢書八　日光山と関東の修験道』名著出版）
八千代市史編さん委員会編（二〇〇六）『八千代市の歴史　近代・現代三　石造文化財』　八千代市
柳川啓一（一九五九）「出羽三山信仰と老年層」『人類科学』一一
山澤学（二〇〇九）「一八世紀信濃国における出羽三山修験の存在形態―佐久郡内の湯殿山行人を中心に―」『信濃』六一（三）
山澤学（二〇〇九）「一九世紀初頭出羽三山修験の覚醒運動―湯殿山・木食行者鐵門海の越後布教を中心に―」『社会文化史学』五二
山下宏明校注（一九八五）『新潮日本古典集成　太平記四』　新潮社

第4章

網野善彦（二〇〇二）「製塩・漁撈・廻船―海の民の社会史―」『新訂増補週刊朝日百科　日本の歴史』六
池上洵一編（二〇〇一）『今昔物語集　本朝部上』　岩波文庫
池上廣正ほか（一九六三）「諸宗教の全国分布―統計資料による―」『人類科学』一五
石川　謙編（一九六八）『日本教科書大系　往来編一二　産業一』　講談社
泉靖一ほか（一九七八）「日本文化の地域類型」（大野　晋・祖父江孝男編『日本人の原点二　文化・社会・地域差』至文堂）
乾克己（一九七〇）「房総の熊野神社」『房総文化』一一
岩鼻通明（二〇一七）『出羽三山―山岳信仰の歴史を歩く―』　岩波新書

大林太良編（一九九四）『岡正雄論文集　異人その他　他十二篇』岩波文庫
岡倉捷郎（一九八二）「湯殿山供養塚と行人墓」『千葉県の歴史』二三
蒲生正男（一九七九）「日本のイエとムラ」（大林太良監修『世界の民族一三　東アジア』平凡社）
北村敏（一九八五）「行人塚伝説について」（神奈川大学日本常民文化研究所編『神奈川大学日本常民文化研究所調査報告一〇　十三塚―実測調査・考察編―』平凡社）
「熊野信仰と東北展」実行委員会編（二〇〇六）『熊野信仰と東北―名宝でたどる祈りの歴史―』同上
近藤弘（一九七六）『日本人の味覚』中公新書
桜田勝徳（一九六八）『民俗民芸双書二五　漁撈の伝統』岩崎美術社
佐々木幹郎（二〇一四）『東北を聴く―民謡の原点を訪ねて―』岩波新書
佐藤亮一監修（二〇〇二）『お国ことばを知る　方言の地図帳』小学館
島津久基校訂（一九三九）『義経記』岩波文庫
関敬吾（一九五八）「年齢集団」（大間知篤三ほか編『日本民俗学大系三　社会と民俗一』平凡社）
関沢まゆみ（一九九七）「宮座における年齢秩序と老いの意味の変化―奈良阪の老中の分析から―」『日本民俗学』二一二
高木大祐（二〇一四）『動植物供養と現世利益の信仰論』考古民俗叢書（慶友社）
竹内利美（一九九一）『竹内利美著作集三　ムラと年齢集団』名著出版
筑土鈴寛校訂（一九四三）『沙石集　上』岩波文庫
徳川宗賢編（一九七九）『日本の方言地図』中公新書
徳丸亞木（一九九八）「漁民の信仰」（佐々木宏幹ほか監修『日本民俗宗教辞典』東京堂出版）
永田征子（一九七六）「九十九里浜の大地曳―作田紋平翁談―」『日本民俗学』一〇三
林紗代香編（二〇二二）『TRANSIT 五五　未来に残したい海の楽園へ』講談社 MOOK
日比野光俊（一九九九）「すしの地域性」（石川寛子編『地域と食文化』放送大学教材）
平山和彦（一九八四）「年齢と性の秩序」（坪井洋文編『日本民俗文化大系八　村と村人―共同体の生活と儀礼―』小学館）
福田アジオ（一九九七）『番と衆―日本社会の東と西―』歴史文化ライブラリー（吉川弘文館）
福武直（一九七六）『福武直著作集四　日本農村の社会的性格・日本の農村社会』東京大学出版会

堀一郎（一九八二）「日本宗教史における交通の問題」（『堀一郎著作集八』未来社）
松崎憲三（一九九四）「行人塚再考―塚をめぐるフォークロア―」『日本常民文化紀要』一七
松本修（二〇二二）『言葉の周圏分布考』集英社インターナショナル新書
真鍋篤行（二〇一六）「近世における網漁の展開と生態利用―房総半島東岸の地曳網漁を事例に―」（渡辺尚志編『生産・流通・消費の近世史』勉誠出版）
三木一彦（二〇〇八）「下総国海上郡高神村における紀州移民の動向」（石井英也編『景観形成の歴史地理学―関東縁辺の地域特性―』二宮書店）
宮家準（一九九二）『日本歴史叢書　新装版　熊野修験』吉川弘文館
宮本常一（一九七四）『宮本常一著作集一七　宝島民俗誌・見島の漁村』未来社
宮本常一（一九八四）『忘れられた日本人』岩波文庫
柳田國男編（一九七五）『海村生活の研究』国書刊行会

第5章

石井英也（一九九二）『地域変化とその構造―高度経済成長期の農山漁村―』二宮書店
イングルハート、ロナルド（山﨑聖子訳）（二〇二一）『宗教の凋落？―一〇〇か国・四〇年間の世界価値観調査から―』勁草書房
ヴァレリー、ポール（恒川邦夫訳）（二〇一〇）『精神の危機　他十五篇』岩波文庫
上枝良典（二〇二三）『神さまと神はどう違うのか？』ちくまプリマー新書
宇野重規（二〇一三）『民主主義のつくり方』筑摩選書
江守五夫（一九七六）『日本村落社会の構造』弘文堂
エリアーデ、ミルチャ（前野佳彦訳）（二〇一四）『加入礼・儀式・秘密結社―神秘の誕生―加入礼の型についての試論―』叢書・ウニベルシタス（法政大学出版局）
大月敏雄（二〇一七）『町を住みこなす―超高齢社会の居場所づくり―』岩波新書
小田切徳美（二〇〇九）『農山村再生―「限界集落」問題を超えて―』岩波ブックレット

柏木哲夫（二〇二一）『老いを育む』三輪書店
金子郁容ほか（二〇〇〇）『コミュニティ・スクール構想 ―学校を変革するために―』岩波書店
ガワンデ、アトゥール（原井宏明訳）（二〇一六）『死すべき定め―死にゆく人に何ができるか―』みすず書房
菊池理夫（二〇〇七）『日本を甦らせる政治思想―現代コミュニタリアリズム入門―』講談社現代新書
クルツナリック、ローマン（松本紹圭訳）（二〇二一）『グッド・アンセスター―わたしたちは「よき祖先」になれるか―』あすなろ書房
佐治晴夫（二〇二二）『この星で生きる理由―過去は新しく、未来はなつかしく―』アノニマ・スタジオ
司馬遼太郎（一九八八）『街道をゆく二四 近江散歩、奈良散歩』朝日文庫
司馬遼太郎（一九九〇）『街道をゆく二八 耽羅紀行』朝日文庫
清水透（二〇二〇）『増補 エル・チチョンの怒り―メキシコ近代とインディオの村―』岩波現代文庫
シューマッハー、E．F．（小島慶三・酒井懋訳）（一九八六）『スモール・イズ・ビューティフル―人間中心の経済学―』講談社学術文庫
白濱兵三（一九六四）「京葉地帯の農業地域構造―大都市圏の農業地域に関する研究―」『千葉大学教育学部研究紀要』一三
瀬川清子（一九七二）『若者と娘をめぐる民俗』未来社
ダイアモンド、ジャレド（倉骨彰訳）（二〇一七）『昨日までの世界―文明の源流と人類の未来― 上・下』日経ビジネス人文庫
高柳賢三ほか編（一九七二）『日本国憲法制定の過程一 原文と翻訳―連合国総司令部の記録による―』有斐閣
立川昭二（二〇〇七）『病気の社会史―文明に探る病因―』岩波現代文庫
田中圭一（一九九二）「村の宗教論」『年報日本史叢』一九九二
田中世紀（二〇二一）『やさしくない国ニッポンの政治経済学―日本人は困っている人を助けないのか―』講談社選書メチエ
津野海太郎（二〇一五）『百歳までの読書術』本の雑誌社
電通総研・同志社大学（二〇二二）「第七回「世界価値観調査レポート 最大七七か国比較から浮かび上がった日本の特徴」（ウエブサイト、pdf版、最終閲覧日 2023.4.6）
東畑開人（二〇一九）『居るのはつらいよ―ケアとセラピーについての覚書―』医学書院

鳥越皓之（二〇二三）『村の社会学―日本の伝統的な人づきあいに学ぶ―』 ちくま新書

ハクスリー、オルダス（大森 望訳）（二〇一七）『すばらしい新世界［新訳版］』 ハヤカワ epi 文庫

広井良典（二〇〇六）『持続可能な福祉社会―「もうひとつの日本」の構想―』 ちくま新書

広井良典（二〇〇九）『コミュニティを問いなおす―つながり・都市・日本社会の未来―』 ちくま新書

プラノール、グザヴィエ＝ド（手塚 章・三木一彦訳）（二〇〇五）『フランス文化の歴史地理学』 二宮書店

ホブズボーム、エリック（大井由紀訳）（二〇一八）『二〇世紀の歴史―両極端の時代― 上』 ちくま学芸文庫

本田由紀（二〇二一）『「日本」ってどんな国？ ―国際比較データで社会が見えてくる―』 ちくまプリマー新書

マッキンタイア、アラスデア（高島和哉訳）（二〇一八）『依存的な理性的動物―ヒトにはなぜ徳が必要か―』 叢書・ウニベルシタス（法政大学出版局）

三浦 展（二〇一二）『東京は郊外から消えていく！ ―首都圏高齢化・未婚化・空き家地図―』 光文社新書

水無田気流（二〇一五）『「居場所」のない男、「時間」がない女』 日本経済新聞出版社

宮沢賢治（一九九五）『宮沢賢治全集一〇』 ちくま文庫

メーヌ＝ド＝ビラン（増永洋三訳）（二〇一〇）『晩年の「日記」』 高橋克也（私家版）

八木誠一（二〇二二）『宗教の行方―現代のための宗教十二講―』 法藏館

柳田國男（一九九〇）『柳田國男全集二六』 ちくま文庫

山下祐介（二〇一二）『限界集落の真実―過疎の村は消えるか？―』 ちくま新書

吉川幸次郎ほか校注（一九七三）『日本思想大系三六 荻生徂徠』 岩波書店

米山俊直（一九八九）『小盆地宇宙と日本文化』 岩波書店

ルソー（桑原武夫・前川貞次郎訳）（一九五四）『社会契約論』 岩波文庫

おわりに

キケロ 著、中務哲郎訳（二〇〇四）『老年について』 岩波文庫

シオラン、E. M. 著、出口裕弘訳（二〇二一）『生誕の災厄 新装版』 紀伊國屋書店

著 者

三木 一彦　みき かずひこ　文教大学教育学部教授

1971 年京都府生まれ．筑波大学大学院歴史・人類学研究科単位取得退学．博士（文学）．
専門分野：歴史地理学
主著：『三峰信仰の展開と地域的基盤』単著，古今書院，2010 年．
訳書：『ヨーロッパ　－文化地域の形成と構造－』共訳，二宮書店，2005 年．
『フランス文化の歴史地理学』共訳，二宮書店，2005 年．

シリーズ監修者

米家 泰作　こめいえ たいさく　京都大学文学研究科教授
山村 亜希　やまむら あき　京都大学人間・環境学研究科教授

書　名	シリーズ 日本の地域誌 **房総で講はいかに継承されてきたか** **— 信仰の地域誌 —**
英文タイトル	**Geographies of Japanese region serie** How and why have believers in Boso’s *Ko* religion passed their faith on to succeeding generations? A regional geography of religion
コード	ISBN978-4-7722-6125-8
発行日	2024（令和 6）年 9 月 3 日　初版第 1 刷発行
著　者	**三木 一彦** Copyright ©2024 Kazuhiko MIKI
発行者	株式会社 古今書院　橋本寿資
印刷所	株式会社 カシヨ
製本所	株式会社 カシヨ
発行所	**古今書院**　〒 113-0021 東京都文京区本駒込 5-16-3
TEL/FAX	03-5834-2874 / 03-5834-2875
ホームページ	https://www.kokon.co.jp/　検印省略・Printed in Japan